Über dieses Buch

Am häufigsten werden in Deutschland an Festtagen Würstchen mit Kartoffelsalat serviert, wie eine Umfrage ergeben hat. Ob dieses Gericht aber auch das beliebteste ist, steht auf einem anderen Blatt. Denn ein fein garnierter Braten läßt zweifelsohne mehr Gaumenfreuden erwarten. Und an ein solches oder ähnliches Gericht denkt man auch hierzulande, wenn von einem Festtagsschmaus die Rede ist. Man sollte sich, seiner Familie und seinen Freunden ruhig öfter einmal ein besonderes Festessen gönnen.
In diesem Buch finden Sie die schönsten Festtagsgerichte aus aller Welt gesammelt: aus Europa und aus fernen Ländern mit berühmten Küchen. Auch Kostproben aus exotischen Küchen fehlen natürlich nicht.

November 1977
Originalausgabe

Satz Appl, Wemding
Druck und Bindung Ebner, Ulm
Printed in Germany
ISBN 3-426-00612-X

Veronika Müller:
Festtagsgerichte aus aller Welt

Mit 150 Rezepten, 15 Farbfotos
Kalorien-/Joule-Angaben

Droemer Knaur

Inhalt

Einleitung

Zu einer kulinarischen Reise in nahe und ferne Länder möchten wir Sie mit diesem Buch einladen. Genauer gesagt wollen wir mit Ihnen gemeinsam einen Blick in die Festtagsküchen anderer Völker tun. Ob Sie ein finnisches Weihnachtsessen, ein griechisches Ostermahl, ein türkisches Hochzeitsessen oder Schweizer Fastnachtsspezialitäten ausprobieren, Sie werden stets feststellen, daß das Geheimnis all dieser aus reicher Tradition hervorgegangenen Gerichte weniger in der Kostbarkeit der Naturalien als vielmehr in der erprobten Kombination der Zutaten liegt.
Bei der Auswahl der Festtagsgerichte kam es uns weniger darauf an, möglichst alle Länder der Welt zu erfassen, es ging uns vielmehr darum, die für unseren Gaumen schmackhaftesten Genüsse zusammenzustellen. Dabei haben wir vor allem auf Kostproben aus den Kochtöpfen unserer Nachbarländer Wert gelegt. Aber selbstverständlich haben wir auch Beispiele berühmter exotischer Kochkunst aufgenommen.
Bei festlichen Anlässen, dies zeigt sich ganz deutlich, werden allerorten meist große Menüs mit vielen Gängen aufgetischt. Bei genauer Betrachtung können Sie so manche Vorspeise und so manches Zwischengericht, die bei den Festtagsessen zur Vorbereitung der Hauptspeise dienen, auch einmal zum Mittelpunkt eines kleinen festlichen Abendessens machen. In jedem Falle aber werden Sie mit den originellen Menüvorschlägen dieses Buches bei Ihren Gästen besondere Ehre einlegen.
Alle Rezepte sind, wenn nicht anders angegeben, für 4 Personen berechnet und so zusammengestellt, daß Sie die Zutaten ohne Schwierigkeiten in Deutschland kaufen können. Viele pikant eingelegte Beilagen können Sie auch selbst herstellen. Anregungen dazu finden Sie in meinem Kochbuch »Pikantes – selbstgemacht« (Knaur-Taschenbuch 604). Die Serviervorschläge geben an, wie die Gerichte üblicherweise in den jeweiligen Ländern aufgetragen werden. Die Getränkevorschläge verweisen auf das, was zum jeweiligen Gericht besonders gut mundet.
So bleibt uns nur noch, Ihnen recht guten Appetit für diese kleine kulinarische Weltreise zu wünschen.

Argentinien

Wie alle lateinamerikanischen Küchen ist auch die argentinische durch spanischen Einfluß geprägt. Jenseits des Atlantiks liebt man es freilich, schärfer zu würzen. Chili und Cayennepfeffer werden gerne verwendet. Typisch für südamerikanische Essensgewohnheiten sind aber auch Rindfleischgerichte und Maisgemüse, so daß das nachfolgende festliche Menü nicht nur für die argentinische Küche charakteristisch ist.

Empanadas de Horno (Gefüllte Teigtaschen)

1 Paket tiefgekühlter Blätterteig (300 g), 250 g Rinderhackfleisch, 2 kleine Zwiebeln, 2 El Olivenöl, 2 El Paprika edelsüß, je ½ Tl gemahlener Kreuzkümmel, getrockneter Majoran, Thymian und getrocknetes Basilikum, ¼ Tl zerriebene getrocknete Estragonblätter, 2 grüne oder rote Chilischoten, Salz, 50 g kernlose Rosinen, 4 El Weißwein, 50 g gefüllte Oliven, 2 hartgekochte Eier, Mehl zum Ausrollen, 1 Eigelb zum Bestreichen

Den Blätterteig nach Vorschrift auftauen lassen. In der Zwischenzeit die Füllung zubereiten. Das Rinderhackfleisch und die geschälten, ganz fein gehackten Zwiebeln zusammen in dem heißen Olivenöl 5 Minuten unter Rühren anbraten. Paprika einrühren und 2 Minuten mitbraten lassen. Die übrigen Gewürze und die geputzten, von den Kernen befreiten, ganz fein gehackten Chilischoten dazugeben. Mit Salz abschmecken. Die gewaschenen, abgetrockneten Rosinen und den Wein unterrühren und alles zugedeckt bei milder Hitze 10 Minuten schmoren lassen. Die Füllung vom Herd nehmen. Die Oliven und die Eier hacken und unter die Füllung mischen. Auf der bemehlten Arbeitsfläche den Teig etwa 3 mm dick ausrollen und Kreise von etwa 14 cm Durchmesser ausstechen. Jeweils 1 El Füllung in die Mitte geben. Die Teigränder ganz dünn mit Wasser bestreichen, den Teig zu Taschen zusammenklappen und die Ränder mit einer Gabel festdrücken. Die Empanadas auf ein mit kaltem Wasser abgespültes Backblech legen und mit dem verquirlten Eigelb bestreichen. Das Blech in den auf 220 Grad (Gasherd Stufe 4) vorgeheizten Backofen schieben. Die Empanadas etwa 20 Minuten backen. Sollte der Teig zu braun werden, mit Pergamentpapier abdecken. Die Empanadas warm servieren.

Pro Person: 648 Kalorien/2713 Joule
Serviervorschlag: Mit Tomatenachteln, eingelegten Perlzwiebeln, kleinen Gewürzgurken und gefüllten Oliven umlegt als gemischte Vorspeisenplatte anrichten. Als Getränk schmeckt leichter Rotwein besonders gut dazu, aber auch Bier oder trockener Weißwein.

Matambre (Gefüllte Rindsroulade)

800 g mageres Rindfleisch aus der Keule, 2 Knoblauchzehen, 1 Tl getrockneter Thymian, 5 Tropfen Tabascosauce, 3/8 l Rotwein, 500 g Blattspinat, 40 g Butter, 3 Zwiebeln, Salz, frisch gemahlener schwarzer Pfeffer, geriebene Muskatnuß, 2 hartgekochte Eier, 1 Bund Petersilie, Cayennepfeffer, 4 El Olivenöl, 1/4 l heiße Fleischbrühe, 2 El Tomatenmark

Das Rindfleisch kurz unter kaltem Wasser abspülen und mit Haushaltspapier trockentupfen. Damit Sie ein großes Rouladenstück erhalten, schneiden Sie das Fleisch zweimal ein: Sie schneiden dabei das obere Drittel von rechts her bis auf einen Steg von 1 cm los und auf die gleiche Weise das untere Drittel von links her. Die Knoblauchzehen schälen und durch die Knoblauchpresse drücken. Mit dem Thymian und der Tabascosauce mischen. Die Hälfte der Mischung auf das Fleisch streichen und die Roulade zusammenrollen. Rundherum mit der restlichen Mischung einreiben, in eine Schüssel legen, mit 1/8 l Rotwein begießen und zugedeckt mindestens 12 Stunden beizen. Den Blattspinat verlesen und waschen. 20 g Butter in einem großen Topf erhitzen, den nur wenig abgetropften Spinat hineingeben und im eigenen Saft 5 Minuten schmoren lassen. Dann abtropfen und abkühlen lassen. Die restliche Butter erhitzen und die geschälten, in Ringe geschnittenen Zwiebeln darin goldgelb braten. Die Roulade abtropfen lassen, auseinanderrollen und die Gewürze entfernen. Den Spinat auf die Roulade geben und mit den Zwiebelringen belegen. Mit Salz, Pfeffer und geriebener Muskatnuß würzen. Die gehackten Eier und die gehackte Petersilie über die Roulade streuen. Reichlich mit Cayennepfeffer würzen. Die Roulade zusammenrollen und mit Spießchen feststecken. Das Öl in einem Bräter erhitzen. Die Roulade darin rundherum knusprig braun anbraten. Dann mit Fleischbrühe und dem restlichen Rotwein begießen und zugedeckt 2 Stunden bei nicht zu starker Hitze schmoren lassen. Die Roulade herausneh-

men und auf einer vorgewärmten Platte warm stellen. Den Bratfond 10 Minuten bei starker Hitze einkochen lassen und mit dem Tomatenmark verrühren.
Pro Person: 594 Kalorien/2486 Joule
Serviervorschlag: Kartoffelpüree zubereiten und in den Spritzbeutel füllen. Auf eine große Servierplatte einen Kranz von Püreehäufchen spritzen, in dessen Innerem die aufgeschnittene Roulade Platz hat. Die Platte in den auf 250 Grad eingestellten Backofen (Gasherd Stufe 6) stellen und das mit verquirltem Eigelb bestrichene Püree 5 Minuten überbacken lassen. Die Roulade auf der Platte anrichten. Dazu gibt es in Butter gedünstete Maiskörner, junge Möhren und geschmorte Tomaten. Als Getränk ist roter Burgunder oder der gleiche Rotwein wie beim Vorgericht zu empfehlen.

Ananasbecher

1 frische Ananas (etwa 300 g), 4 Glas (je 2 cl) Tequila oder weißer Rum, 50 g Mandelstifte, 20 g Butter, 1 El Zucker, 1 Haushaltspackung Vanilleeis mit Maracujá, 1/4 l Sahne, 2 El Puderzukker, ausgeschabtes Mark von 1/4 Vanilleschote

Die Ananas von Stiel- und Blütenansatz befreien, dann in Achtel schneiden und das Fruchtfleisch mit einem scharfen Messer von der harten Außenschale ablösen. Das Fruchtfleisch in etwa 1 cm dicke Schnitze teilen, mit Tequila oder Rum begießen und zugedeckt 2 Stunden im Kühlschrank durchziehen lassen. Die Mandelstifte in der heißen Butter goldbraun rösten, mit Zucker bestreuen und den Zucker unter Rühren schmelzen lassen, so daß die Mandelstifte leicht karamelisieren. Die Sahne steif schlagen, dabei nach und nach den Puderzucker und das ausgeschabte Vanillemark einrühren. Die Sahne in einen Spritzbeutel füllen. In 4 Glasschalen je 1/8 der Ananaswürfel geben. Das Eis in 12 Würfel schneiden und je 3 in einen Becher geben. Die restlichen Ananaswürfel darüber verteilen. Mit Sahnetupfen garnieren und mit den abgekühlten Mandelsplittern bestreuen.
Pro Person: 869 Kalorien/3638 Joule
Serviervorschlag: Gut gekühlten Sekt oder Kaffee und Kleingebäck dazu reichen.

Australien

Australien ist ein Schmelztiegel der Völker, und dies spiegelt sich auch in den Essensgewohnheiten der Bevölkerung wider. Besonders stark ist der Einfluß der englischen Küche, aber auch Frankreich und Deutschland haben einige typische Gerichte beigesteuert.
Ein Dinner mit Gästen wird in Australien grundsätzlich mit einem Drink eingeleitet, der aus einem Martini aus $^2/_3$ Gin und $^1/_3$ trockenem Martini und einer Olive oder aus einem Whisky Sour mit etwas Zuckersirup, Zitronensaft und Früchtegarnierung besteht. Beliebt sind aber auch Longdrinks: Gin mit Tonic Water, Brandy oder Bourbon Whisky mit Ginger Ale. Als besondere Vorspeise werden sehr gerne gefüllte Avokados serviert, denn die im Lande produzierten Früchte sind knapp und teuer. Die Avokados werden mit Shrimps, Hummer- oder Langustenstücken gefüllt und mit einer Sauce aus halbsteif geschlagener Sahne, Mayonnaise, etwas Tomatenketchup und Cognac überzogen und mit Cayennepfeffer oder Chilipulver scharf gewürzt.
Nach einem festlichen Hauptgericht, wie dem nachstehenden, servieren die Australier etwa eine ausgehöhlte, mit Himbeergeist parfümierte Ananas, die mit geeisten Himbeeren oder Speiseeiskugeln gefüllt ist. Dazu reicht man Sekt.

Crown Roast of Lamb (Geröstete Lammkrone)

(Für 8 Personen)

4000 g Lammrücken (16 Koteletts am Stück), 2 Tl Salz, 1 Tl Knoblauchsalz, frisch gemahlener schwarzer Pfeffer, je 2 Tl getrockneter Thymian und Majoran oder Oregano, 100 g Butterschmalz, $^1/_4$ l Wasser, $^1/_4$ l Weißwein

Den Lammrücken vom Fleischer in der Mitte, also durch die Wirbelsäule, durchsägen lassen. Das Rückgrat entfernen. Die Fettschicht von den Rippen lösen. Beide Rippenstücke unter kaltem Wasser abspülen, trockentupfen und zwischen den Rippen die Haut etwa 1 cm tief einschneiden. Die Gewürze mischen und die Rippenstücke damit einreiben. Beide Rippenstücke mit Rouladengarn zu einer Krone zusammennähen. Die herausragenden Kotelettknochen mit Alufolie umwickeln. In die Mitte der Krone einen Tonkrug oder eine hohe Steingutschüssel stellen, damit die Krone beim Braten ihre Form be-

hält. Das Butterschmalz in einem Bräter erhitzen und die Lammkrone hineingeben. Den Bräter in den auf 180 Grad (Gasherd Stufe 2) vorgeheizten Backofen stellen und die Lammkrone 90 Minuten rösten. Dabei nach und nach das mit Wein gemischte Wasser dazugießen. Die Krone aus dem Bräter nehmen, den Krug oder die Schüssel entfernen und die Alufolie von den Kotelettknochen ziehen. Die Krone auf einer vorgewärmten Platte anrichten (Abb. S. 33).
Pro Person: 1128 Kalorien/4722 Joule
Serviervorschlag: Die Kotelettknochen mit Papiermanschetten versehen. Die Krone mit lockerem Kartoffelpüree füllen, mit in Butter gedünsteten Erbsen, jungen Karotten, Prinzeßbohnen, Stangenspargel, Blumenkohlröschen oder anderen Gemüsesorten der Saison umlegen. Dazu Knoblauch-Kräuter-Butter reichen. Das passende Getränk ist gekühlter Rosé.
Tip: Aus dem Bratfond kann man noch eine zusätzliche Sauce herstellen: Den Fond mit 1 El Tomatenmark, 2 El Cognac und 4 El saurer Sahne verrühren.

Belgien

Fast allen Belgiern eigen ist die große Vorliebe für alles, was das Meer hergibt. Ihre Muschel- und Austernrezepte sind wahre Meisterwerke. Wie gut sie sich aber auch auf die Fleischzubereitung verstehen und wie sehr sie Süßes schätzen, beweisen die Gerichte, die hier zu einem besonders leckeren und typischen Menü zusammengefaßt sind.

Gratin d'Huîtres (Überbackene Austern)

300 g frische Krabben (mit Schale gewogen), 24 geschlossene große Austern, 1/8 l Sahne, etwa 1/8 l herber Weißwein (z. B. Frankenwein), 50 g Butter, 30 g Mehl, 1 Eigelb, Salz, weißer Pfeffer, 1 Prise geriebene Muskatnuß, grobes Salz, 100 g frisch geriebener Greyerzer Käse, 4 El Semmelbrösel

Die Krabben auslösen, in ein Sieb geben und kurz unter fließendem kalten Wasser abspülen, abtropfen lassen und beiseite stellen. Die Austernschalen mit einem Austernmesser aufbrechen, die Austern aus

den Schalen lösen und das Austernwasser in ein Litermaß gießen. Die 24 tieferen Schalenhälften aufbewahren. Das Austernwasser mit der Sahne und der entsprechenden Menge Weißwein auf knapp ½ l auffüllen. Die Butter in einem Topf schmelzen, aber nicht bräunen lassen. Das Mehl hineinschütten und unter Rühren etwa 2 Minuten durchschwitzen lassen. Dann nach und nach die Flüssigkeit einrühren. Die Sauce kurz aufkochen und bei geringerer Hitze etwa 3 Minuten ziehen lassen. Das Eigelb mit etwas Sauce verquirlen und in die Sauce rühren. Mit Salz, Pfeffer und Muskatnuß abschmecken. Dann die Krabben in die Sauce geben. Jeweils 1 El Sauce in eine Austernschale füllen, die Auster darauflegen und mit Sauce überziehen. Eine runde Henkelpfanne oder den tiefen Deckel einer feuerfesten Form mit einer dicken Schicht Salz bestreuen und die Austern hineinsetzen. (Die Salzlage dient sowohl als Stütze für die Schalen als auch zum Warmhalten bei Tisch.) Die Pfanne in den auf 220 Grad (Gasherd Stufe 4) vorgeheizten Backofen stellen und die Austern 6 bis 8 Minuten backen, bis die Sauce leise zu brodeln beginnt. Dann herausnehmen, die Austern mit einer Mischung aus Greyerzer Käse und Semmelbröseln bestreuen und 3 Minuten in dem vorgeheizten Grill überbacken. Sofort servieren.
Pro Person: 416 Kalorien/1741 Joule
Serviervorschlag: Zu den Austern Zitronenspalten, knusprig frisches Weißbrot und spritzigen Weißwein reichen.

Culotte de Bœuf à l'instar d'Etterbeek (Rinderbraten)

1000 g Rinderhüfte, ½ l helles belgisches Bier (ersatzweise Pils), 1 Zweig Thymian oder 1 Tl getrockneter Thymian, 3 Lorbeerblätter, 10 schwarze Pfefferkörner, 6 Gewürznelken, 2 Bund Suppengrün, 4 El Öl, 30 g Schweineschmalz, 2 Zwiebeln, 300 g kleine Zwiebeln, 400 g frische Champignons, ¼ l Fleischbrühe, 70 g Butter, Salz, schwarzer Pfeffer, 30 g Zucker, je 1 El Petersilie und Schnittlauchröllchen, 250 g blaue Weintrauben oder Brüssler Trauben

Das gehäutete Rindfleisch in eine Steingutschüssel legen und mit dem Bier begießen. Thymian, Lorbeerblätter, die zerdrückten Pfefferkörner, Gewürznelken und 1 Bund geputztes, gewaschenes und fein gehacktes Suppengrün dazugeben. Das Öl darübergießen. Das Fleisch mindestens 12 Stunden zugedeckt bei Zimmertemperatur beizen. Da-

bei hin und wieder wenden. Dann das Fleisch herausnehmen und mit Haushaltspapier trockentupfen. Die Beize durch ein Sieb streichen. Das Schweineschmalz in einem Bräter erhitzen und das Fleisch darin rundherum braun anbraten. Das zweite Bund Suppengrün wie oben vorbereiten und zusammen mit den beiden geschälten und geviertelten Zwiebeln in dem Bratfett kurz anrösten. Dann etwa die Hälfte der Beize angießen und den Braten zugedeckt 90 Minuten schmoren lassen. Dabei nach und nach die restliche Beize zugießen.
In der Zwischenzeit die kleinen Zwiebeln schälen. Die Champignons putzen, kurz unter kaltem Wasser abspülen und abtropfen lassen. Die Fleischbrühe aufkochen, die Zwiebeln hineingeben und bei milder Hitze 10 Minuten darin köcheln lassen. Dann abtropfen lassen. Die Brühe aufbewahren. 40 g Butter in einem Topf erhitzen. Die Champignons darin kurz anbraten. Mit Salz und Pfeffer würzen und zugedeckt etwa 10 Minuten schmoren lassen. Dann den Topf öffnen und die Flüssigkeit 5 Minuten einkochen lassen. Die restliche Butter in einer Pfanne erhitzen. Den Zucker hineinschütten und unter Rühren goldgelb bräunen. Die Zwiebelchen hineingeben, mit etwas Brühe begießen und leicht salzen. Unter Rühren die Zwiebeln glasieren. Das dauert etwa 10 Minuten.
Den Braten aus dem Fond nehmen und etwa 5 Minuten ruhen lassen. Dann aufschneiden und auf einer vorgewärmten Platte anrichten. Mit Zwiebeln und Champignons umlegen. Die Champignons mit Petersilie und Schnittlauch besteuen. Den Bratfond durch ein Sieb streichen, in einen Topf gießen und bei starker Hitze 5 Minuten einkochen lassen. Die gewaschenen, abgetropften und von den Stielen gezupften Weinbeeren halbieren und entkernen. Den Fond mit den Weinbeeren getrennt als Sauce zu dem Braten servieren.
Pro Person: 1078 Kalorien/4513 Joule
Serviervorschlag: Dazu ausgestochene Kartoffelkugeln, Chicoréesalat mit Orangenschnitzen und Rotwein servieren.

Café liégeois

1/2 Vanilleschote, 4 El Puderzucker, 1/4 l Sahne, 12 Kugeln Mokkaeis vom Konditor, Sirop de café (ersatzweise Mokkalikör)

Die Vanilleschote aufschneiden, das Mark ausschaben und mit dem Puderzucker mischen. Die Sahne steif schlagen, dabei nach und nach den Puderzucker einrieseln lassen. Die Eiskugeln in vier Gläser vertei-

len, Sirop de café oder Mokkalikör darübergießen und alles mit einer dicken Sahnehaube bedecken. Sofort servieren.
Pro Person: 384 Kalorien/1607 Joule
Serviervorschlag: Dazu Vanillegebäck und Sekt reichen.

Bulgarien

Trotz der 500 Jahre Türkenherrschaft mit strengen mohammedanischen Ernährungsvorschriften war es den Bulgaren gelungen – wenn auch heimlich –, viele ihrer kulinarischen Bräuche aus der Zeit vor der Besetzung zu bewahren. Heute haben diese Gerichte ein modernes Gepräge, aber in ihren Grundzügen sind sie noch so wie vor 600 oder 700 Jahren. Scharau plakia, ein kaltes Fisch-Gemüsegericht, geht sogar auf frühchristliche Bräuche zurück. Es wird am 5. Dezember zubereitet zu Ehren des heiligen Nikolaus, der in Bulgarien Schutzpatron der Fischer und Seeleute ist. Bei festlichen Anlässen kann man vorher einen eisgekühlten Sliwowitz mit Appetithäppchen (Oliven, Mixed pickles oder Gewürzgurken) reichen und nachher Bratäpfel servieren.

Scharau plakia (Karpfen im Gemüsebett)

1 mittelgroße Sellerieknolle, 3 Möhren, 3 Zwiebeln, 2 Knoblauchzehen, 3 Fleischtomaten, 1 küchenfertiger Karpfen von 1200 g, Salz, 6 El Sonnenblumenöl, 150 g gehackte Walnüsse, 2 Lorbeerblätter, frisch gemahlener schwarzer Pfeffer

Die geschälte, abgespülte Sellerieknolle würfeln, die geschälten, abgespülten Möhren in dünne Scheiben schneiden. Die Zwiebeln schälen, zwei davon in Scheiben schneiden, eine hacken. Die Knoblauchzehen schälen und durch die Knoblauchpresse drücken. Die gewaschenen Tomaten achteln, dabei die Stengelansätze herausschneiden. Den Karpfen unter fließendem kalten Wasser kurz abspülen, dann innen und außen mit Haushaltspapier trockentupfen. Innen leicht salzen. 2 El Sonnenblumenöl erhitzen und die gehackte Zwiebel darin goldgelb anbraten. Mit den gehackten Walnüssen mischen und damit den Karpfen füllen. Den Karpfen mit Zahnstochern vorsichtig zustecken. Das restliche Öl in einem großen Bräter erhitzen und das vorbereitete

Gemüse darin 3 Minuten leicht anbraten. Etwa die Hälfte des Gemüses herausnehmen. Das zurückbehaltene Gemüse mit Pfeffer würzen und 1 Lorbeerblatt darauflegen. Dann den Karpfen auf das Gemüse legen und mit dem restlichen Gemüse bedecken. Wieder mit Pfeffer würzen und das zweite Lorbeerblatt darauflegen. Den Bräter auf dem Bratrost in den auf 180 Grad (Gasherd Stufe 2) vorgeheizten Backofen stellen und den Karpfen 25 Minuten backen. Das Gericht abkühlen lassen, dann einige Stunden kühl stellen. Kalt auftragen (Abb. S. 34 unten).
Pro Person: 741 Kalorien/3101 Joule
Serviervorschlag: Dazu Bauernbrot und milden bulgarischen Weißwein reichen.

China

Heute gibt es in der Bundesrepublik wohl kaum eine größere Stadt, in der sich nicht mindestens ein China-Restaurant befindet; denn diese fernöstliche Küche erfreut sich großer Beliebtheit. Ein festliches Menü auf chinesische Art besteht aus verschiedenen Einzelgerichten, deren Zahl sich nach der Anzahl der Gäste richtet. Die Speisen werden alle gleichzeitig aufgetragen, und jeder bedient sich aus dem gesamten Angebot. Aus dieser Tradition ist der Chrysanthemen-Feuertopf hervorgegangen, ein Gericht von ganz besonderem Reiz.

Chrysanthemen-Feuertopf
(Für 8 Personen)

Je 300 g Schweine- und Rinderfilet, 300 g mageres Kalbfleisch, 300 g Kalbsleber, 300 g tiefgekühltes Seezungen- oder Kabeljaufilet, 4 tiefgekühlte Hähnchenbrustfilets (je etwa 125 g), 250 g geschälte Scampi, 400 g frischer Spinat, 250 g Champignons, 250 g Staudensellerie, 200 g Lauch, 150 Sojabohnenkeimlinge, 300 g Sojabohnenquark aus der Dose, 1/8 l Sojasauce, 4 El Sesam- oder Sojaöl, 6 El Reiswein oder trockener Sherry, 4 Eier, 2 l Hühnerbrühe

Alle drei Fleischsorten etwa 30 Minuten in das Gefrierfach legen, damit sie etwas hart werden. Dann läßt sich das Fleisch mit einem sehr

scharfen Messer oder der Brotschneidemaschine leicht in hauchdünne Scheiben schneiden. Die Scheiben anschließend in etwa 3 cm breite Streifen schneiden. Die abgespülte, trockengetupfte, von Haut und Sehnen befreite Leber, das leicht angetaute Fischfilet und die leicht angetauten Hähnchenbrustfilets ebenso vorbereiten und alles mit den abgespülten, abgetropften Scampi auf 8 flachen Tellern dekorativ anordnen. Den Spinat verlesen, die Champignons, den Staudensellerie und den Lauch putzen. Das Gemüse getrennt voneinander waschen und abtropfen lassen. Die Spinatblätter in eine große Schüssel geben. Die Champignons und den Sellerie in dünne Scheiben, den Lauch in Ringe schneiden und jeweils in eine Schale geben. Die Sojabohnenkeimlinge waschen und in eine Schale geben. Den gewürfelten Sojabohnenquark in einem Extraschälchen anrichten. Sojasauce, Öl, Reiswein oder Sherry verrühren und mit den verquirlten Eiern mischen. Die Sauce in 8 kleine Schälchen füllen. Die Hühnerbrühe auf dem Herd erhitzen, aber nicht kochen, dann schnell in den Fonduetopf füllen und auf den Rechaud stellen. Die Brühe soll immer leise sieden. Nun in beliebiger Menge und Zusammenstellung die um den Fonduetopf aufgebauten Zutaten in der Brühe garen. Vor dem Verzehr in die Sauce tauchen (Abb. S. 34 oben).
Pro Person: 512 Kalorien/2145 Joule
Serviervorschlag: Man kann die Zutaten auf zweierlei Art in die Brühe tauchen: Am einfachsten ist es mit kleinen Drahtsieben, die speziell für dieses Gericht hergestellt werden und die man in guten Haushaltswarengeschäften bekommt. Die üblichen Fonduegabeln eignen sich ebenfalls, allerdings fällt hin und wieder ein Stückchen herunter. Diese Stücke bleiben in der Brühe, die mit etwas Sojasauce und Reiswein oder Sherry abgeschmeckt und wie alle chinesischen Suppen als Abschluß des Essens genossen wird. Zu dem Feuertopf gibt es körnig gekochten Reis. Als Getränk können Sie sowohl einen kräftigen Weißwein als auch Rosé reichen. Ebenso ist grüner Tee oder angewärmter Reiswein angebracht.

Dänemark

Die Dänen sind geborene Feinschmecker. Essen und Trinken ist für sie ein täglich neues Vergnügen. Einer der kulinarischen Höhepunkte des Jahres ist der Weihnachtsschmaus, der in fast allen Familien aus den traditionellen Gerichten besteht. Wo Kinder im Haus sind, beginnt er mit einem Reisbrei, der mit Zucker und Zimt bestreut und von einem dicken Stück Butter gekrönt ist. Für die Kinder viel wichtiger aber ist, daß irgendwo in dem Reisbrei eine Mandel versteckt ist. Wer diese Mandel findet, bekommt ein Geschenk. Erst nach dem Reisbrei folgt das eigentliche Weihnachtsessen:

Gaasesteg med Aebler og Svedsker (Gänsebraten mit Äpfeln und Backpflaumen)
(Für 8 Personen)

350 g Backpflaumen, 1 Mastgans (4000 g), ½ Zitrone, 4 mürbe säuerliche Äpfel (Boskop), 1 große Zwiebel, 2 Tl getrockneter Beifuß, Salz, frisch gemahlener schwarzer Pfeffer, Salzwasser

Die Backpflaumen über Nacht mit Wasser bedeckt einweichen. Am nächsten Tag die Gans innen und außen abspülen, eventuell die Fettflomen abschneiden. Die Gans mit Haushaltspapier trockentupfen. Dann innen und außen mit der Schnittfläche der Zitrone gründlich einreiben. Die abgetropften Backpflaumen entsteinen und grob hakken. Die geschälten Äpfel würfeln, die geschälte Zwiebel achteln. Die Füllung mit Beifuß mischen. Die Gans innen und außen mit Salz und Pfeffer einreiben und die Füllung hineingeben. Die Öffnungen der Gans mit Zahnstochern zusammenstecken, dann kreuzweise Zwirn um die Zahnstocher wickeln. Die Halshaut mit einem Zahnstocher auf dem Gänserücken befestigen und die Schenkel und Flügel dressieren. Die Gans auf den Bratrost legen und über der Fettpfanne in den auf 180 Grad (Gasherd Stufe 2) vorgeheizten Backofen schieben. Die Gans 3 bis 3½ Stunden braten. Das Bratfett aus der Fettpfanne abschöpfen, die Gans selber nur zwei- bis dreimal damit begießen. Die Gans ist gar, wenn beim Hineinstechen mit einem dünnen Holzspieß oder einem scharfen Messer hellgelber Bratensaft austritt. 5 Minuten vor Ende der Garzeit die Gans einmal mit kräftigem Salzwasser bestreichen, dann wird die Haut besonders knusprig. Die Gans 10 Minuten in dem ausgeschalteten Ofen ruhen lassen, dann auf einer vorgewärmten Platte anrichten, die Fäden und Holzstäbchen entfernen. Die Füllung aus der Gans nehmen und wegwerfen. Sie diente nur dazu, der Gans Aroma zu geben. Die Gans tranchieren und auftragen. (Abb. S. 51 unten).
Pro Person: 1292 Kalorien/5408 Joule

Serviervorschlag: Traditionsgemäß wird die Gans zusammen mit Rotkraut, süßen Kartoffeln und gefüllten Äpfeln, die man entweder mit Backpflaumen oder mit Preiselbeeren füllt, serviert. Als Getränke sollten Sie vor dem Essen einen eiskalten Aquavit und zu der Gans einen schweren Rotwein reichen.
Wer auf die Sauce nicht verzichten möchte, schöpft das Fett von dem Bratfond weitgehend ab, verlängert den Fond mit der entsprechenden Menge Wasser (kochendes Wasser verwenden) und würzt nach Geschmack.

Halve Aebler med Svedsker (Mit Backpflaumen gefüllte Äpfel)

(Für 8 Personen)

300 g Backpflaumen, knapp 1/4 l Portwein, 80 g Zucker, 8 mittelgroße Äpfel (z. B. Boskop), 1 l Wasser

Die Backpflaumen in einer Schüssel mit Portwein und 20 g Zucker mischen. Zugedeckt über Nacht durchziehen lassen, dann langsam erhitzen und bei milder Hitze in 30 Minuten weichkochen. Die Äpfel schälen und senkrecht halbieren, die Kerngehäuse herausschneiden. Das Wasser mit dem restlichen Zucker aufkochen und 3 Minuten kochen lassen. Dann die Äpfel in die Lösung geben und zugedeckt 10 Minuten ziehen, aber nicht kochen lassen. Die Apfelhälften mit einem Schaumlöffel herausnehmen, abtropfen lassen und um die Gans legen. Jede Apfelhälfte mit den abgetropften Backpflaumen füllen.
Pro Person: 249 Kalorien/1042 Joule

Rødkaal (Rotkohl geschmort)

(Für 8 Personen)

1750 g Rotkohl, 60 g Gänse- oder Schweineschmalz, 1/8 l Rotwein, 1/8 l Wasser, 4 El Essig, 20 g Zucker, 1 Tl Salz, 1/2 Tl gemahlene Nelken, 1 großer säuerlicher Apfel, 6 El Johannisbeergelee

Die äußeren welken Blätter des Rotkohls entfernen. Den Kohl vierteln und den Strunk herausschneiden. Die Kohlviertel unter kaltem Wasser gründlich abspülen, abtropfen lassen, dann fein hobeln oder schneiden. Das Schmalz in einem großen Topf nicht zu stark erhit-

zen. Den Kohl lagenweise hineingeben und insgesamt etwa 10 Minuten andünsten. Dann Rotwein, Wasser, Essig und die Gewürze in den Kohl rühren und ihn zugedeckt bei milder Hitze 2 Stunden schmoren lassen. 10 Minuten vor Ende der Garzeit den geschälten, geriebenen Apfel und das Johannisbeergelee unter den Kohl mischen. Den Kohl eventuell mit Salz nachwürzen.
Pro Person: 188 Kalorien/786 Joule

Brunede Kartofler (Süße Kartoffeln)
(Für 8 Personen)

750 g sehr kleine Kartoffeln, Wasser, Salz, 60 g Butter, 50 g Zucker

Die gewaschenen Kartoffeln mit Salzwasser bedeckt etwa 30 Minuten kochen lassen, abgießen, ausdämpfen lassen und schälen. Die Butter in einer großen Pfanne erhitzen und die Kartoffeln darin rundherum hellbraun braten. Den Zucker darüberstreuen und unter ständigem Wenden der Kartoffeln karamelisieren lassen. Dabei überziehen sich die Kartoffeln mit einer dünnen Glasur. In einer vorgewärmten Schüssel auftragen.
Pro Person: 160 Kalorien/669 Joule

Bondepige med slör (Dänische Apfelspeise)
(Für 8 Personen)

120 g Butter, 350 g Semmelbrösel, 200 g Zucker, 1 Tl Zimt, 800 g nicht zu süßes Apfelmus, 200 g Johannisbeergelee, 3/8 l Sahne, 75 g Puderzucker, ausgeschabtes Mark von 1/4 Vanilleschote

Die Butter erhitzen und die Semmelbrösel darin goldbraun rösten, dabei nach und nach den Zucker unterrühren und alles so lange rösten, bis sich der Zucker gelöst hat. Das Apfelmus mit dem Zimt verrühren. Schichtweise Semmelbrösel, Apfelmus und Johannisbeergelee in eine Schale oder 8 Portionsschälchen füllen. Die Sahne steif schlagen, dabei nach und nach den Puderzucker hineingeben. Die Sahne mit dem Vanillemark parfümieren und in einen Spritzbeutel füllen. Die Apfelspeise mit einer Sahnehaube garnieren.
Pro Person: 688 Kalorien/2879 Joule

Glögg (Dänischer Weihnachtspunsch)
(Für 8 Personen)

Wenn das Weihnachtsessen vorüber ist und die Kinder ihre Geschenke bekommen haben, wird der Glögg, der Weihnachtspunsch, serviert.

1 l Rotwein, 1 l Muskateller, 1/4 l roter Wermut, 1 kräftiger Spritzer Angostura, 125 g kernlose Rosinen, abgeriebene Schale von 1 ungespritzten Zitrone, 1 Tl zerstoßener Kardamom, 5 Gewürznelken, 1 kleines Stück frische Ingwerwurzel, 1/2 Zimtstange, 5 Glas (je 2 cl) gelber Aquavit, 150 g Zucker, 100 g geschälte Mandeln

Rotwein, Muskateller, Wermut und Angostura in einem emaillierten Topf mischen. Die gewaschenen, in einem Küchentuch getrockneten Rosinen, die Gewürze, die in feine Scheiben geschnittene Ingwerwurzel und die zerbrochene Zimtstange hineingeben und den Punsch über Nacht zugedeckt ziehen lassen. Kurz vor dem Servieren den Zucker und die Mandeln hineingeben. Unter Rühren kurz aufkochen lassen, damit sich der Zucker lösen kann. Dann den Aquavit hineingießen und den Punsch heiß in Gläser füllen.
Pro Person: 528 Kalorien/2210 Joule
Serviervorschlag: Zu dem Punsch kleine Knabbereien reichen.

Finnland

Wenn die Skandinavier behaupten, sie hätten außer den Vorfahren, den Wikingern, weiter nichts gemeinsam, so steht dem bestimmt ihre typisch skandinavische Küche entgegen. Jedes Land hat natürlich seine ganz bestimmten Gerichte und Zubereitungsarten. Aber ein Festtagsschmaus wie das Weihnachstmenü, das wir Ihnen hier aus Finnland vorstellen, gehört mit kleinen Abweichungen auch in Schweden zur Tradition. Und die Schweden trinken wiederum am Weihnachtsabend fast den gleichen Punsch wie die Dänen (Rezept siehe oben). Den Reisbrei, den die Dänen als Vorgericht essen, servieren die Finnen ihrerseits gerne als Nachtisch.
Nach der anschließenden Bescherung setzen sich Finnen wie Schweden an eine üppige Kaffeetafel, auf der Torten, Kuchen und Gebäck stehen. Dabei darf Joulutortut nicht fehlen.

Sillisalaatti (Heringssalat)
(Für 8 Personen)

2 große Salzheringe (je 500 g), 500 g gekochte Kartoffeln, 4 säuerliche Äpfel (z. B. Boskop), 500 g gekochte Rote Beete, 300 g gekochte Möhren, 4 Gewürzgurken, 2 Zwiebeln, 1 Becher Sahne (200 g), Essig, Zucker, 2 Tl Rote-Bete-Saft, weißer Pfeffer, 4 hartgekochte Eier, 3 El gehackte Petersilie

Die ausgenommenen Heringe filetieren und die Filets 12 Stunden in kaltes Wasser legen. Das Wasser zweimal erneuern. Die Heringsfilets abtropfen lassen, mit Haushaltspapier trockentupfen und würfeln. Dann die Kartoffeln, die ungeschälten Äpfel, Rote Bete, Möhren und Gewürzgurken würfeln. Die geschälten Zwiebeln fein hacken. Alles gründlich mischen und 2 Stunden zugedeckt in den Kühlschrank stellen. Die Sahne halbsteif schlagen und mit Essig, Zucker und Pfeffer süßsauer abschmecken. Mit dem Rote-Bete-Saft rötlich färben. Den Salat mit Eiachteln umlegen und mit Petersilie bestreuen. Die Sauce getrennt dazu reichen.
Pro Person: 377 Kalorien/1578 Joule
Serviervorschlag: Vor dem Heringssalat einen eiskalten Aquavit oder Wodka reichen. Zum Salat gibt es frisches Toastbrot oder geröstetes Stangenweißbrot. Als Getränk paßt Bier, auch wenn zum nächsten Gang Wein gereicht werden sollte.

Joulukinkku (Weihnachtsschinken)
(Für 8 Personen)

1 leicht gepökelter, schwach geräucherter Schinken (etwa 3000 g), 2 Lorbeerblätter, 10 Pfefferkörner, 5 Wacholderbeeren, 6 Pimentkörner, $^1/_2$ Tl gemahlene Nelken, Wasser, 3 El nicht zu scharfer Senf (nach Art des bayrischen Weißwurstsenfs), 2 El Farinzucker oder Rohzucker, 2 El Semmelbrösel

Den Schinken mit einem Küchentuch gründlich abreiben. Die Gewürze in einem Mörser zerstampfen und den Schinken damit rundherum einreiben. Den Schinken auf dem Bratrost über der Fettpfanne in dem auf 150 Grad (Gasherd Stufe 1) vorgeheizten Backofen langsam garen, dabei hin und wieder etwas Wasser in die Fettpfanne gießen. Man rechnet je nach Dicke des Schinkens 50 bis 60 Minuten Garzeit je 500 g Schinken. Den Schinken aus dem Ofen nehmen und etwas

abkühlen lassen. Dann die dunkle Schwarte vorsichtig entfernen und auch überflüssiges Fett abkratzen. Aus Senf, Farinzucker und Semmelbrösel eine Paste rühren. Den Schinken wieder auf den Bratrost legen und mit der Paste einstreichen. In dem auf 220 Grad (Gasherd Stufe 4) aufgeheizten Backofen 20 Minuten knusprig braten.
Pro Person: 1289 Kalorien/5395 Joule
Serviervorschlag: Zu dem Schinken gibt es kleine knusprig gebratene Kartoffeln und einen Steckrübenauflauf. Als Getränk können Sie weiterhin Bier anbieten oder zu einem leichten Rotwein übergehen.
Variation: Die Schweden kochen ihren Weihnachtsschinken in reichlich Wasser, dem die oben erwähnten Gewürze beigefügt wurden, etwa 4 bis 5 Stunden lang. Dann wird er wie beschrieben weiterverarbeitet, allerdings wird die Paste um ein verschlagenes Eiweiß erweitert, wodurch die Kruste des Schinkens glänzender wird. Mit gefüllten Kronsardinen als Vorspeise, gedünsteten Möhrchen als Beilage und einer Weinschaumcreme als Nachspeise ergibt sich ein herrliches Festtagsgericht (Abb. S. 86 oben).

Lanttulaatikko (Steckrübenauflauf)
(Für 8 Personen)

1500 g Steckrüben, Salzwasser, 300 g Semmelbrösel, 300 g Sahne, 100 g Butter, 2 Zwiebeln, 5 El Sirup (Rübenkraut), 2 Tl Ingwerpulver, weißer Pfeffer, geriebene Muskatnuß, Semmelbrösel zum Bestreuen

Die Steckrüben schälen, würfeln, und mit Salzwasser bedeckt in 20 Minuten bei milder Hitze kochen. Die Flüssigkeit abgießen, aber aufheben. Die abgekühlten Rübenwürfel im Mixer pürieren oder durch ein Sieb streichen. Mit den Semmelbröseln und der Sahne vermischen. 20 g Butter erhitzen und die geschälten, fein gehackten Zwiebeln darin goldgelb braten. Mit dem Sirup in das Steckrübenpüree rühren. Das Püree mit Ingwerpulver, Pfeffer, geriebener Muskatnuß pikant würzen. Wenn das Püree zu fest ist, noch etwas Kochflüssigkeit unterrühren. Eine feuerfeste Form mit etwas Butter einfetten und das Püree hineingeben. Mit Semmelbröseln bestreuen und die restliche Butter in Flöckchen darauf verteilen. Den Auflauf in den auf 200 Grad (Gasherd Stufe 3) vorgeheizten Ofen stellen und etwa 1 Stunde überbacken.
Pro Person: 433 Kalorien/1812 Joule

Joulutortut (Blätterteiggebäck mit Pflaumenmus)

2 Pakete tiefgekühlter Blätterteig (je 300 g), Mehl zum Ausrollen, 300 g dickes Pflaumenmus, 1 Glas (2 cl) Wodka, 2 Eidotter zum Bestreichen

Den Blätterteig nach Vorschrift auftauen lassen und auf der bemehlten Arbeitsfläche etwa 5 mm dick ausrollen. Aus dem Teig 8 cm große Quadrate ausschneiden. Das Pflaumenmus mit dem Wodka verrühren und jeweils einen gehäuften Tl auf jedes Quadrat setzen. Von den 4 Ecken aus in den Teig jeweils einen Schnitt fast bis zur Füllung machen und immer eine der so entstandenen 2 Spitzen zur Mitte falten, damit ein Stern entsteht. Die Teigstücke mit dem verquirlten Eigelb bestreichen und auf ein mit kaltem Wasser ausgespültes Backblech setzen. In dem auf 220 Grad (Gasherd Stufe 4) vorgeheizten Backofen 10 bis 15 Minuten backen. Abkühlen lassen und so frisch wie möglich servieren.
Insgesamt: 1174 Kalorien/4914 Joule

Mämmi (Osterpudding aus Roggenmehl)
(Für 10 Personen)

Ein einfaches, aber vielleicht gerade deshalb so reizvolles Gericht ist dieser Pudding, der auch heute noch in fast allen finnischen Familien zum Osterfest gegessen wird. Auf einigen Bauernhöfen wird er sogar noch auf althergebrachte Weise in einem Birkenrindenkorb gekocht und auch aus diesem gegessen. Er schmeckt am besten, wenn er 4–6 Tage zuvor bereitet wurde.

1000 g Roggenmehl, 250 g Roggenmalz (im Reformhaus erhältlich), Schalen von 2 Bitterorangen (Pomeranzen), ersatzweise von 2 ungespritzten Blutorangen, 3½ l Wasser, 1½ Tl Salz, 2 El Sirup (Rübenkraut), Zucker, flüssige Sahne

Roggenmehl und -malz über Nacht auf Zimmertemperatur erwärmen. Die sehr dünn geschälte Bitter- oder Blutorangenschale mit wenig Wasser bedeckt zugedeckt über Nacht einweichen. Am nächsten Tag in einem gut schließenden großen Topf 1 l Wasser auf etwa 60 Grad erwärmen. So viel Mehl und Malz einrühren, daß ein dünner Brei entsteht. Darüber eine dicke Schicht Mehl und Malz streuen. Mit einem Küchentuch und dem Deckel schließen und bei ganz milder Hitze ziehen lassen. Der Brei muß immer heiß sein, darf aber

nicht kochen. Dann den Brei durchrühren und langsam $1/2$ l heißes, aber nicht kochendes Wasser einrühren. Wieder eine Mehl-Malz-Schicht darüberstreuen und den Brei 1 Stunde ziehen lassen. So fortfahren, bis Mehl, Malz und Wasser verbraucht sind. Dabei das Wasser immer stärker erhitzen, aber nicht kochen lassen. In der Zwischenzeit die Orangenschale in ihrem Einweichwasser weichkochen, die pelzige Haut abziehen und die Schale ganz fein hacken. Wenn der Brei zum letztenmal gequollen ist, 30 Minuten unter ständigem Rühren kochen lassen. Dann die Orangenschalen hineinrühren, mit Salz und Sirup abschmecken und so lange schlagen, bis er kalt ist. Den Brei in eine Schüssel geben und mit etwas Zucker bestreuen. Einige Eßlöffel voll Wasser darübergießen, damit der Pudding eine glänzende Oberfläche bekommt. Den Pudding mit einem Küchentuch bedeckt an einem kühlen Ort aufbewahren. Er wird kalt gegessen und jeder streut nach Belieben Zucker darüber und gießt flüssige Sahne dazu.
Pro Person: 680 Kalorien/2846 Joule

Frankreich

Die französische Küche wird nicht nur ihrer kulinarischen Genüsse wegen gepriesen, sondern auch ihrer vielen Gänge wegen sehr gerühmt. Die großen französischen Küchenmeister, Escoffier und Pellaprat, schlagen für ein Festessen mit 25 bis 30 Personen eine unglaubliche Anzahl von Gängen vor. Sie denken an 4 Suppen, 4 Zwischengerichte, 12 Vorspeisen, 4 Haupt-Zwischengerichte, 4 Bratplatten, 6 weitere Zwischengerichte, 8 Dessertplatten mit eingemachten Früchten und glasierten Bonbons, 8 Gebäckschalen mit Gebäck, Marzipan, Makronen und Merinken, 8 Fruchtkompotte, 8 der Jahreszeit entsprechende Früchteteller, 2 Käseplatten und 2 Schalen mit Zuckerwerk. Wobei es sicherlich jedem Gast überlassen war, das eine oder andere Gericht zurückzuweisen oder nur davon zu kosten. Im häuslichen Kreis kann und darf ein Menü die »Kapazität« der Gäste nicht überfordern. Das hier vorgeschlagene, den berühmten Küchenmeistern nachempfundene Menü für nur 4 Personen läßt sich natürlich auch ergänzen. Anschließend an den Orangensorbet kann man frische Früchte und eine Käseplatte reichen, die mindestens vier verschiedene Sorten enthalten sollte. Zum Beispiel: Briekäse, Roquefort-

käse, Camembert und ein milder Ziegenkäse. Die Platte kann beliebig garniert werden mit Salzgebäck, Cornichons (kleinen Pfeffergürkchen), weißen und blauen Trauben. Zu dieser Käseplatte paßt am besten ein milder Rotwein.
Den Auftakt zu dem Menü, das wir Ihnen hier vorstellen, bildet eine Zwiebeltorte. Sie ist eigentlich in der elsässisch-lothringischen Küche zu Hause, hat sich aber das übrige Frankreich erobert. Man kann sie als Entree mit einem guten Weißwein (am besten einen Riesling oder Gewürztraminer aus dem Elsaß) servieren, ebenso aber auch nach dem großen Festessen, wenn man noch gemütlich plaudernd bei einem Glas Wein zusammensitzt. Überhaupt gehören Zwiebeltorte und Wein einfach zusammen.

Tarte aux Oignons (Zwiebeltorte)

250 g Mehl, 150 g Butter, 4 Eier, Salz, 1½ El kaltes Wasser, 100 g geräucherter Speck, 500 g Zwiebeln, ½ l Sahne, geriebene Muskatnuß, frisch gemahlener schwarzer Pfeffer, Margarine zum Einfetten

Das Mehl auf ein Backbrett geben und in die Mitte eine Mulde drükken. 125 g gut gekühlte Butter in Flocken auf den Rand setzen. 1 Ei in die Mulde geben. Etwas Salz und das Wasser darübergeben. Alle Zutaten von innen nach außen mit einem Messer hacken, bis sie sich vermischt haben. Dann mit kühlen Händen rasch einen geschmeidigen Teig kneten. Den Teig 30 Minuten in den Kühlschrank stellen. Den Speck in hauchdünne Scheiben schneiden und in einer Pfanne nicht ganz knusprig braten. Die Scheiben herausnehmen. Die restliche Butter in dem Speckfett erhitzen und die sehr fein gehackten Zwiebeln darin goldgelb braten. Die Zwiebeln abkühlen lassen. Die Sahne mit den übrigen Eiern verquirlen, zu den Zwiebeln geben und alles mit Salz, Muskatnuß und Pfeffer abschmecken. Eine Springform etwas einfetten. Den Teig hineingeben und ausrollen, dabei auch einen Rand hochdrücken. Die Form in den auf 180 Grad (Gasherd Stufe 2) vorgeheizten Backofen schieben und den Boden etwa 10 Minuten vorbacken. Dann mit einer Gabel mehrmals einstechen, mit den Speckscheiben belegen und die Zwiebelmasse gleichmäßig darauf verteilen.
Die Zwiebeltorte noch 20 bis 25 Minuten backen. Sehr warm servieren (Abb. S. 85 oben).

Soupe à la Reine (Königinsuppe)

3 küchenfertige Wachteln (je 85 g), 1 Bund Suppengrün, 1 kleine Zwiebel, 40 g Butter, 150 g Tatar, 3/4 l Wasser, 6 Pfefferkörner, 2 Wacholderbeeren, 1 Lorbeerblatt, Salz, 25 g Sago, 2 Eier, 2 El Sahne, 2 Tl gehackte Petersilie, geriebene Muskatnuß, frisch gemahlener schwarzer Pfeffer, Butter zum Einfetten

Die Wachteln kurz innen und außen abspülen und mit Haushaltspapier trockentupfen. Das Suppengrün putzen, waschen, abtropfen lassen und fein hacken, die geschälte Zwiebel ebenfalls hacken. Die Butter in einem großen Topf erhitzen. Die Wachteln darin rundherum kurz anbraten. Dann Suppengrün, Zwiebel und Tatar dazugeben und alles kräftig anbraten. Mit dem heißen Wasser begießen und die Gewürze in den Topf geben. Alles zugedeckt 2 Stunden sanft köcheln lassen. Dabei hin und wieder abschäumen. Dann die Wachteln aus der Brühe nehmen. Die Brühe zuerst durch ein Sieb, dann durch ein Mulltuch gießen. Das Fleisch von den Wachteln lösen und dabei die Haut entfernen. Das Fleisch in mundgerechte Stücke schneiden. Die Brühe nochmals aufkochen und das Sago einrieseln lassen, bei schwacher Hitze ausquellen lassen. Das dauert etwa 30 Minuten. In der Zwischenzeit die Eier mit der Sahne und der Petersilie verquirlen. Nach Belieben mit Salz, Muskatnuß und Pfeffer würzen. Ein kleines Schälchen aus Glas oder Steingut mit Butter einfetten. Die Eimasse hineingeben und im kochenden Wasserbad in etwa 15 Minuten stokken lassen. Den Eierstich in Streifen schneiden. Die heiße Suppe mit Eierstich und Fleischstückchen servieren.
Pro Person: 326 Kalorien/1365 Joule

Truite au vin (Forelle in Weißweinsauce)

2 Zwiebeln, 1 Knoblauchzehe, 1 Mohrrübe, 1 Bund Petersilie, 500 g Fischabfälle (Schwanz, Kopf, Flossen), 5 Pfefferkörner, 2 Lorbeerblätter, 1 Zweig Thymian oder 1/2 Tl getrockneter Thymian, 1/2 l Weißwein, Salz, 1–2 Forellen (je 300–400 g), 2 Schalotten, 1/16 l Weinessig, frisch gemahlener schwarzer Pfeffer, 200 g Butter, 1 Trüffel

Die geschälten Zwiebeln, die geschälten Knoblauchzehen, die geschälte und gewaschene Mohrrübe und die abgespülte, trockengeschwenkte Petersilie fein hacken. Zusammen mit den abgespülten

Fischabfällen, den zerdrückten Pfefferkörnern, den zerriebenen Lorbeerblättern und dem Thymian in dem Wein aufkochen, salzen und zugedeckt 20 Minuten sanft köcheln lassen. Dann den Sud durch ein Sieb gießen, fast zum Kochen bringen und die Forellen einlegen. Im geschlossenen Topf bei schwacher Hitze 20 Minuten ziehen (nicht kochen) lassen. In der Zwischenzeit die Buttersauce zubereiten: Die geschälten und ganz fein gehackten Schalotten mit Weinessig, Pfeffer und Salz aufkochen und bei starker Hitze auf etwa 3/4 einkochen lassen. Dann vom Herd nehmen und die weiche Butter flöckchenweise mit einem Schneebesen unterrühren, so daß eine schaumige weiße Sauce entsteht. Die Forellen vorsichtig aus dem Sud heben, abziehen, abtropfen lassen und auf einer vorgewärmten Platte anrichten und mit Trüffelscheiben garnieren. Mit einem Teil der Sauce umgießen (Abb. S. 85 oben).
Pro Person: 617 Kalorien/2583 Joule
Serviervorschlag: Als Beilage kleine Kartoffeln oder auf ein Blech gespritzte und kurz überbackene Kartoffelpüreehäufchen und Blätterteigcroutons reichen. Dazu schmeckt frischer Weißwein aus dem Elsaß.
Variation: Nach diesem Rezept können Sie auch Hecht in Weißweinsauce zubereiten. Verwenden Sie dazu 4 Hechtfilets zu je 200 g. Die Trüffelscheiben können Sie auch weglassen. Den Hecht dann nach Belieben mit frisch gehackter Petersilie oder mit gehacktem Kerbel bestreuen und rasch auftragen.

Kalbsmedaillon in Trüffelsauce

4 Kalbsmedaillons von je 150 g, 75 g Butter, frisch gemahlener schwarzer Pfeffer, Salz, 4 El Sahne, 2 Trüffeln 'aus der Dose, 1 kleine Dose Spargel

Die Kalbsmedaillons mit Haushaltspapier abreiben, dann mit dem Handballen etwas flachdrücken. Etwas Butter erhitzen und die Medaillons darin auf beiden Seiten etwa 4 Minuten braten. Mit Salz und Pfeffer würzen und warmstellen. Die restliche Butter schmelzen, die abgetropften, in Scheiben geschnittenen Trüffeln darin 2 Minuten anbraten. Die Sahne hineinrühren. Die Spargel in ihrem Wasser erhitzen, abgießen und auf das Fleisch verteilen. Mit Sauce überziehen und servieren (Abb. S. 85 oben).
Pro Person: 340 Kalorien/1423 Joule

Serviervorschlag: Dazu Kopfsalat in einer Marinade aus Eigelb, Öl, Zitronensaft und Kräutern und Strohkartoffeln oder frisch geröstetes Weißbrot servieren. Als Getränk den gleichen Wein wie im vorigen Gang oder einen milden Rosé reichen.

Suprêmes de Faisan aux Raisins (Fasanenbrüstchen)

2 küchenfertige Fasane (je etwa 800 g), ½ l Wasser, Salz, 1 Bund Suppengrün, 5 Pfefferkörner, weißer Pfeffer, 4 El Semmelbrösel, 60 g Butter, 400 g grüne und blaue Weintrauben, ⅛ l kräftiger Weißwein (z. B. Gewürztraminer oder Bocksbeutel)

Die Fasane häuten, dann die Brustfilets auslösen. Das Wasser salzen. Mit dem geputzten, gewaschenen und zerschnittenen Suppengrün und den Pfefferkörnern aufkochen. Die Fasanenbrüstchen hineingeben und zugedeckt bei milder Hitze 20 Minuten kochen lassen. Die Brüstchen herausnehmen und abtropfen lassen. Die Brühe durch ein Sieb gießen und ¼ l abmessen. Die Brüstchen mit wenig Pfeffer würzen und in den Semmelbröseln wenden. Die Panade leicht andrücken. Die Butter in einer großen Pfanne erhitzen und die Brüstchen darin zuerst rundherum scharf anbraten, dann auf jeder Seite noch 5 bis 6 Minuten braten lassen. Die gewaschenen Weintrauben eventuell halbieren und entkernen. Die Brühe und den Weißwein zu den Brüstchen geben und fast zum Kochen bringen. Die Weintrauben darin erwärmen. Den Sud eventuell mit Pfeffer und Salz nachwürzen. Die Brüstchen auf einer vorgewärmten Platte anrichten und mit der Weintraubensauce begießen.
Pro Person: 522 Kalorien/2188 Joule
Serviervorschlag: Zu den Fasanenbrüstchen nur Stangenweißbrot oder Kartoffelkroketten servieren. Als Getränk den Wein reichen, den Sie auch zum Kochen verwendet haben.
Tip: Aus den übrigen Fasanenteilen kochen Sie eine Fasanensuppe, die Sie einfrieren und beim nächsten Festessen als delikate Vorspeise reichen können. Dazu werden die Fasanenteile mit 500 g Rinderknochen, der restlichen Fasanenbrühe, 1½ l Salzwasser, Suppengrün, 1 Zwiebel, 1 Knoblauchzehe, 1 Tl Basilikum, 4 Wacholderbeeren und 1 Prise Zucker 90 Minuten gekocht. Das Fleisch wird aus der Brühe genommen und in kleine Würfel geschnitten. Die Brühe durchsieben und vor dem Servieren mit 4 Glas (8 cl) Sherry vervollständigen. Das Fleisch hineingeben, die Suppe mit Petersilie bestreuen.

Pistazieneis

1/4 l Milch, 1/4 l Sahne, 5 Eigelb, 150 g Zucker, 50 g fein gehackte Pistazien

Die Milch mit der Sahne aufkochen. Eigelb und Zucker schaumig rühren und das Milch-Sahne-Gemisch in einem dünnen Strahl einlaufen lassen und unterschlagen. Alles im warmen, aber nicht zu heißen Wasserbad schlagen, bis eine dickflüssige Creme entsteht. Aus dem Wasserbad nehmen, die Pistazien hineingeben und abkühlen lassen. Dann im Gefrierfach oder im Tiefkühlgerät mindestens 6 Stunden fest werden lassen. Dazu Champagner-Zabaione servieren.

Champagner-Zabaione

4 Eigelb, 150 g Zucker, 1 Päckchen Vanillezucker, 1 Pikkoloflasche Champagner oder Sekt, 4 halbe Pfirsiche aus der Dose

Eigelb und Zucker im warmen, aber nicht zu heißen Wasserbad schaumig rühren. Den Champagner leicht erwärmen und schußweise in den Eigelbschaum schlagen. Die Zabaione aus dem Wasserbad nehmen und weiterschlagen, bis sie erkaltet ist. Das Eis in vier Schalen verteilen, mit je einem halben, abgetropften Pfirsich belegen und mit Zabaione begießen (Abb. S. 85 oben).
Pro Person: 515 Kalorien/2155 Joule (einschließlich Pistazieneis)
Serviervorschlag: Nach Belieben noch mit Sahne garnieren. Gut gekühlten Champagner oder Sekt und Kleingebäck dazu reichen.

Bûche de Noël (Weihnachtskuchen)

In Frankreich ist es ähnlich wie bei uns in Deutschland: Mehr als ein bestimmtes Menü ist zu Weihnachten spezielles Gebäck Tradition geworden. Dieses Fest ist in unserem Nachbarland ohne »Bûche de Noel« nicht denkbar.

11 Eidotter, 100 g Zucker, 6 Eiweiß, 110 g Mehl, 1 Prise Salz, Butter zum Einfetten, Zucker zum Bestreuen, knapp 1/8 l sehr starker Kaffee, 130 g Zucker, 250 g Butter, 1 El Kakaopuder

6 Eidotter mit 100 g Zucker schaumig rühren. Eiweiß zu steifem Schnee schlagen und auf die Eigelbcreme geben. Das Mehl darübersieben, mit Salz bestreuen. Alles vorsichtig zu einem lockeren Teig

mischen. Ein Backblech mit Butter einfetten und mit Pergamentpapier auslegen. Das Pergamentpapier ebenfalls einfetten. Das Blech in den auf 180 Grad (Gasherd Stufe 2) vorgeheizten Backofen schieben und den Biskuit 12 bis 15 Minuten backen. Ein großes Küchenhandtuch mit etwas Zucker bestreuen, den Biskuit daraufstürzen und rasch das Pergamentpapier abziehen. Das Tuch aufrollen, damit sich der Teig zur Rolle formt. Zusammengerollt abkühlen lassen. In der Zwischenzeit die Kaffeecreme zubereiten: Der Kaffee und der Zucker werden so stark eingekocht, bis sich ein Faden bildet. (Probe: Nehmen Sie einen Tropfen zwischen zwei Finger und ziehen Sie die Finger auseinander. Wenn sich nun ein Faden bildet, ist die Mischung genug eingekocht.) Die restlichen Eidotter miteinander verquirlen, die heiße Zuckerlösung in einem feinen Strahl dazugießen und so lange rühren, bis die Masse erkaltet ist. In einer zweiten Schüssel die Butter schaumig rühren und nach und nach die Ei-Kaffee-Mischung unterrühren. Sollte die Butter dabei gerinnen, geben Sie flockenweise noch etwas mehr Butter dazu. Die Biskuitrolle vorsichtig auseinanderrollen, mit Buttercreme bestreichen und wieder zur Rolle formen. Mit Hilfe des Tuchs auf eine Kuchenplatte setzen. Die Enden der Rolle werden abgeschnitten. Aus dem abgeschnittenen Teig kann man kleine »Äste« formen, die mit etwas Creme an den Stamm geklebt werden. Den Stamm mit der restlichen Creme überziehen und die Oberfläche so mit einer Gabel einritzen, daß sie wie Baumrinde aussieht. Den Kuchen mit Kakao bestäuben und bald servieren.
Insgesamt: 4152 Kalorien/17380 Joule
Serviervorschlag: Dazu entweder Kaffee oder auch Sekt servieren.

Griechenland

Die Griechen feiern gerne, auch der kleinste Anlaß ist ihnen Grund genug. Mit besonderem Aufwand aber begehen sie große Festtage wie etwa Ostern. Da wird auf den Straßen gelacht und getanzt, man klopft hartgekochte, bunt bemalte Eier aneinander, weil das Glück bringen soll. Und natürlich wird an diesem Tag ganz besonders gut gegessen, am liebsten ein Milchlamm im Ofen gebacken. Wenn Ihr eigener Backofen für ein ganzes Lamm zu klein ist, lassen Sie es beim Bäcker oder Metzger backen (ebenso wie Spanferkel), oder Sie begnügen sich mit einem halben Lamm, das nochmal quer halbiert in

Australische Lammkrone (S. 12)
Skandinavisches Krebsgericht (S. 101)

月桂冠

zwei Teilen gebacken wird. Weniger aufwendig ist die Zubereitung von geschmortem Rindfleisch, das wir Ihnen hier als Alternative angeben möchten. Zur Einstimmung reichen die Griechen bei einem Festtagsessen einen gut gekühlten Ouzo (Anisschnaps).

Horsd'oeuvre-Platte

Schwarze Oliven, die vor dem Servieren unter fließendem Wasser abgespült werden – gekochte weiße oder braune Bohnen in einer Essig-Öl-Marinade – in Olivenöl und Wein gedünstete Perlzwiebeln – gefüllte Weinblätter – gekochte Zucchinischeiben in einer Essig-Öl-Marinade – mit Petersilie bestreute Blumenkohlröschen in einer Zitronensaft-Öl-Marinade – mit gehackten Sardellen, Kapern und zerdrücktem Knoblauch bestreute Tomatenviertel – weißer oder gelber Schafskäse – ein dekorativer Gurkenstern, der wie folgt gefertigt wird: 1/2 Salatgurke schälen, ohne die Schalenstreifen abzutrennen, am Ende ein 3 cm langes Stück der Gurke ungeschält lassen. Das geschälte Fruchtfleisch abschneiden und in so viele Stücke schneiden, wie Schalenstreifen an der Gurke hängen. Das Ende der Gurke wird flach abgeschnitten, damit die Gurke stehen kann. Das verbliebene Fruchtfleisch wird etwas ausgehöhlt und mit Salz gefüllt. Die Schalenstreifen sternförmig anordnen und die Gurkenstücke in die Zwischenräume legen. Jedes Gurkenstück in das Salz tauchen.

Melidzanes tiganites (Gebackene Auberginen)
(Für 6 Personen)

4 kleine Auberginen (etwa 600 g), Salz, Mehl, 3 Eier, 3 El saure Sahne, 1/2 l Olivenöl

Die gewaschenen Auberginen von ihrem Stengelansatz befreien und der Länge nach in etwa 5 mm dicke Scheiben schneiden. Die Scheiben auf eine mit Salz bestreute Platte legen, mit Salz bestreuen und 30 Minuten ziehen lassen. Dann kurz unter kaltem Wasser abspülen und mit Haushaltspapier gründlich trockentupfen. Immer 8 Scheiben (je nach Größe) gleichzeitig zuerst in Mehl, dann in den mit der sauren Sahne verquirlten Eiern wenden. In dem sehr heißen Olivenöl rasch auf beiden Seiten knusprig braun braten. Die Scheiben warm halten, dabei aber nicht übereinanderlegen.

Chrysanthemen-Feuertopf (S. 17)/Bulgarischer Karpfen (S. 16)

Pro Person: 267 Kalorien/1117 Joule
Serviervorschlag: Dazu Sadziki reichen.
Variation: Statt der gebackenen Auberginen mit Sadziki eine Moussaka reichen. Dazu die Auberginen ebenso vorbereiten, aber nicht in Ei wenden. Die Scheiben in heißem Olivenöl knusprig anbraten. 500 g gehacktes Lammfleisch mit 2 Zwiebeln anbraten und mit Knoblauch, Salz und Thymian mischen. Auberginenscheiben mit Lammfleisch abwechselnd in eine feuerfeste Form schichten. 2 Eier und 100 g saure Sahne verquirlen. Die Moussaka damit begießen und im Ofen überbacken. Mit Tomaten garniert heiß servieren (Abb. S. 51 oben).

Sadziki (Schafskäsedip)

200 g weißer Schafskäse, 125 g Magerquark, 1 Becher Sahnejoghurt (175 g), 1 Eigelb, 4 El Olivenöl, 2 El Zitronensaft, 4 Knoblauchzehen, 2 Frühlingszwiebeln, Salz, Pfeffer

Den Schafskäse und den Quark durch ein Sieb streichen und mit dem Joghurt, dem Eigelb, Olivenöl und Zitronensaft zu einem dicken, aber glatten Brei verrühren. Die Knoblauchzehen schälen und durch die Presse drücken. Die geschälten Frühlingszwiebeln fein hacken, das Zwiebelgrün in ganz dünne Ringe schneiden (den geputzten, gewaschenen Lauch längs halbieren, dann in dünne Streifen schneiden). Beides in die Käse-Quark-Masse rühren und alles abschmecken.
Pro Person: 271 Kalorien/1134 Joule
Serviervorschlag: Den Dip mit gehackten Oliven garnieren.

Arni stofurno (Lamm im Backofen)
(Für 8 bis 10 Personen)

1 Milchlamm (8 bis 10 kg), frisch gemahlener schwarzer Pfeffer, Zitronensaft, 2 El Paprika edelsüß, 2 El Rosenpaprika, Lunge, Nieren und Herz des Lamms, 1 große Zwiebel, 2 Lorbeerblätter, 6 Pfefferkörner, 4 Wacholderbeeren, 2 l Wasser, Salz, 10 Schalotten, 80 g Butter oder Butterschmalz, 250 g Langkornreis, Lammleber, 3 Bund glatte Petersilie, 3 kleine grüne Peperoni, 1 Dose eingelegte Weinblätter (125 g), 65 g Butter

Das ausgenommene Lamm innen und außen abspülen und mit Haushaltspapier abtrocknen. Aus reichlich Pfeffer, Zitronensaft und bei-

den Paprikasorten eine Paste mischen und das Lamm damit rundherum einreiben. Dann 2 Stunden ruhen lassen. In der Zwischenzeit die Innereien säubern, waschen und von Sehnen und Häuten befreien. Die Zwiebel schälen und achteln. Mit den Innereien und den Gewürzen in einen Topf geben und mit dem kochenden Wasser auffüllen, salzen. Bei milder Hitze 90 Minuten mehr ziehen als kochen lassen, dabei häufig abschäumen. Die Innereien aus der Brühe nehmen und beiseite stellen. Die Brühe durch ein Sieb gießen und abkühlen lassen. Die Schalotten schälen und vierteln. In der heißen Butter oder dem Butterschmalz goldgelb andünsten, dann den ungewaschenen Reis dazugeben und unter ständigem Rühren glasig braten. Die abgespülte, von Haut und Sehnen befreite Leber hacken und ebenfalls dazugeben, ganz kurz anbraten. $^{1}/_{2}$ l Lammbouillon dazugießen und alles bei milder Hitze etwa 15 Minuten ziehen lassen, bis der Reis halbweich ist. Mit Petersilie und den gewaschenen, von den Kernen befreiten und grob gehackten Peperoni mischen. Das Lamm damit füllen. Ein großes Backblech mit der Hälfte der abgetropften Weinblätter auslegen, das Lamm darauflegen, mit der zerlassenen Butter begießen und mit den restlichen Weinblättern belegen. Das Lamm in den auf 180 Grad (Gasherd Stufe 2) vorgeheizten Backofen schieben und 3 Stunden backen. Dann die Weinblätter entfernen und das Lamm in Portionen teilen.
Pro Person: 464 Kalorien/1942 Joule
Serviervorschlag: Zu dem Lamm gibt es kleine gekochte und dann leicht gebratene Kartoffeln oder einfach nur Weißbrot und Tomaten- und Kopfsalat. Dazu trinkt man einen leichten griechischen Rotwein.

Vodinó stifadó (Im Topf geschmortes Rindfleisch)
(Für 6 Personen)

1 kleine Zwiebel, 1 Bund Suppengrün, 1 Knoblauchzehe, 1 El gehackte Petersilie, je 1 El getrockneten Thymian und Pfefferkörner, 3 Nelken, $^{1}/_{2}$ l Weißwein, $^{1}/_{8}$ l Olivenöl, 3 El Essig, 1500 g mageres Rindfleisch, 1 kleine Dose geschälte Tomaten, $^{1}/_{8}$ l Rotwein, Salz, frisch gemahlener schwarzer Pfeffer, 1 Tl Zucker, 1000 g kleine Zwiebeln oder Schalotten, 65 g Kokosfett oder $^{1}/_{16}$ l Olivenöl, 3 Lorbeerblätter, 3 Knoblauchzehen

Die Zwiebel schälen und in Ringe schneiden. Das geputzte, abgespülte Suppengrün grob hacken, die Knoblauchzehe schälen und in Schei-

ben schneiden. Alles mit der Petersilie, dem Thymian, den Pfefferkörnern und den Nelken zu dem Weißwein geben. Mit knapp der Hälfte Olivenöl und dem Essig mischen. Das mit einem Küchentuch abgeriebene Rindfleisch in nicht zu kleine Würfel (etwa 5 cm groß) schneiden und in die Beize legen. Zugedeckt 12 Stunden an einem kühlen Ort durchziehen lassen. Das Fleisch abtropfen lassen und mit Haushaltspapier trockentupfen. Das restliche Öl in einem Bräter oder einem großen Topf erhitzen und die Fleischwürfel darin rundherum braun anbraten. Die abgetropften Tomaten fein hacken, mit dem Rotwein und der durchgesiebten Beize über das Fleisch gießen. Mit Salz, Pfeffer und Zucker würzen und bei milder Hitze langsam schmoren lassen. Die Zwiebeln schälen und in dem heißen Kokosfett oder Olivenöl braun anbraten, dabei ständig rühren. Dann mit einem Schaumlöffel herausnehmen, abtropfen lassen und zu dem Fleisch geben, wenn dieses halb weich ist. Die Lorbeerblätter und die geschälten, durch die Presse gedrückten Knoblauchzehen ebenfalls dazugeben. Alles langsam schmoren und eventuell mit Salz und Pfeffer nachwürzen (Abb. S. 51 oben).
Pro Person: 900 Kalorien/3767 Joule
Serviervorschlag: Dazu die gleichen Kartoffeln reichen wie zu dem Lammgericht oder einfach nur Weißbrot. Als Getränk paßt ein milder Rotwein am besten.

Politikos halwas (Grießpudding)
(Für 6 Personen)

1/2 l Wasser, 125 g Zucker, abgeriebene Schale einer ungespritzten Zitrone, 1 Zimtstange, 4 Nelken, 100 g Butterschmalz, 125 g Grieß, 65 g geriebene Mandeln, 1/4 l Orangensaft, 4 El Honig, Zimtpulver, 50 g abgezogene Pistazien

Das Wasser mit Zucker, Zitronenschale, Zimtstange und Nelken unter Rühren aufkochen, bis sich der Zucker gelöst hat und die Masse etwas sämig geworden ist. Zimtstange und Nelken entfernen. Das Butterschmalz in einem großen Topf erhitzen, den Grieß hineinschütten und unter ständigem Rühren so lange rösten, bis er eine leicht gelbbraune Färbung hat. Dann die Mandeln dazugeben und alles weiterrösten, bis der Grieß bräunlich wird. Dann den kochenden Sirup unter ständigem Rühren hineingießen und so lange weiterrühren, bis alle Flüssigkeit aufgesogen, der Pudding aber noch körnig ist. Das

dauert etwa 15 Minuten. Den Pudding 5 Minuten ruhen lassen, in vier Formen gießen, abkühlen lassen und auf Teller stürzen. Den Orangensaft und den Honig unter ständigem Rühren erhitzen, bis sich der Honig gelöst hat. Den Orangensaft-Honig-Sirup über den Pudding gießen. Den Pudding dünn mit Zimt bestäuben und mit Pistazien garnieren (Abb. S. 51 oben).
Pro Person: 440 Kalorien/1841 Joule
Serviervorschlag: Dazu türkischen Kaffee (Rezept Seite 71) reichen.

Großbritannien

Die Engländer sind in aller Welt vor allem als Teetrinker bekannt. Daß aber auch ihre Küche mit einigen Genüssen aufwarten kann, hat sich weniger herumgesprochen. Insbesondere Puddings und Pies verstehen die Engländer aufs vortrefflichste zuzubereiten. Wie unterschiedlich Zubereitung und Aussehen der Puddings sein können, zeigt das nachfolgende festliche Essen. Die Nachspeise, der Plumpudding, bildet für Engländer, junge wie alte, stets den krönenden Abschluß eines jeden Weihnachtsmenüs.

Roastbeef mit Yorkshirepudding
(Für 6 Personen)

225 g Mehl, 1 gestrichener Tl Salz, 6 Eier, 3/16 l Milch, 75 g Schweineschmalz, weißer Pfeffer
1250 g Roastbeef, 1 Tl Öl, 1 Tl Paprika rosenscharf, Salz

Mehl und Salz in eine Schüssel geben und in die Mitte eine Mulde drücken. Die Eier hineinschlagen. Eier und Mehl von innen nach außen verrühren, und nach und nach die Milch dazugießen. So lange rühren, bis ein glatter Teig entstanden ist. Das Schmalz in einer kleinen Pfanne schmelzen lassen. Mit einem Teil davon eine große ovale

Roastbeef damit einstreichen. Die Gewürze in das Fleisch einmassieren. Das Fleisch auf den Bratrost legen und über der Fettpfanne in den auf 220 Grad (Gasherd Stufe 4) vorgeheizten Backofen schieben. Ein Stück Alufolie unter das Fleisch legen. Pro Zentimeter Fleischhöhe etwa 8 Minuten Bratzeit rechnen. 25 Minuten vor Ende der Bratzeit den Teig in die eingefettete Form gießen und die Form unter das Fleisch stellen (Alufolie vorher entfernen). Der Fleischsaft tropft nun auf den Pudding, der dadurch sein besonderes Aroma erhält.
Das Fleisch vor dem Aufschneiden 5 Minuten ruhen lassen. Den Pudding in der Form servieren.
Pro Person: 643 Kalorien/2691 Joule
Serviervorschlag: Das aufgeschnittene Roastbeef mit frisch geriebenem Meerrettich bestreuen oder Meerrettich-Sahne getrennt dazu reichen. Als Getränk paßt Spätburgunder.

Plumpudding (Weihnachstpudding)

150 g altbackenes Weißbrot, 150 g Rindernierenfett, 100 g kernlose Rosinen, 100 g Korinthen, 50 g Zitronat, 50 g kandierte Kirschen, 1 säuerlicher Apfel, 100 g gehackte Mandeln, abgeriebene Schale von 1 ungespritzten Zitrone, 100 g Mehl, 100 g Farinzukker oder Rohzucker, je $1/2$ Tl Zimt, Piment- und Ingwerpulver, 1 Messerspitze gemahlene Nelken und geriebene Muskatnuß, $1/2$ Tl Salz, 4 Eier, Saft einer Orange, $1/8$ l Rum, Butter zum Einfetten, 12 Stückchen Zucker, $1/16$ l Weinbrand oder Whisky

Das entrindete Weißbrot fein reiben. Von dem Rindernierenfett die Häutchen abziehen, das Fett hacken, dann durch den Fleischwolf (feine Scheibe) drehen. Die Rosinen und Korinthen in einer Schüssel kurz mit kochendem Wasser überbrühen, abgießen und in einem Küchentuch trockenreiben. Zitronat, Orangeat und Kirschen hacken. Den geschälten Apfel reiben. Alles in eine Schüssel geben und mit Mandeln, Zitronenschale, Mehl, Farinzucker und den Gewürzen mischen. Die Eier einzeln unterkneten. Dann den Orangensaft und den Rum zugeben. Alles noch einmal durchkneten. Den Teig zugedeckt 48 Stunden an einem kühlen Ort ruhen lassen. Den Teig so in eine runde Puddingform füllen, daß die oberen 5 cm bis zum Rand der Form frei bleiben. Den Teig mit einem gebutterten Stück Alufolie bedecken. Die Folie fest an den Formrand drücken. Eine feuchte Serviette über die Form legen und am Formrand festbinden. Die 2 sich

jeweils gegenüberliegenden Serviettenzipfel über der Schüssel fest verknoten. Die Puddingform in einen großen Topf stellen und so viel kochendes Wasser hineinfüllen, daß die Form bis zu Dreiviertel ihrer Höhe im Wasser steht. Das Wasser aufkochen lassen, den Topf verschließen und den Pudding 6 Stunden kochen lassen. Dabei hin und wieder kochendes Wasser nachgießen, damit der Wasserspiegel immer gleich hoch bleibt. Den Pudding aus dem Wasserbad heben und abkühlen lassen, dann aus der Form stürzen, gut in Alufolie einwikkeln und mindestens 3 Wochen kühl aufbewahren. Am Weihnachtstag den Pudding in die Form zurückgeben, wie oben beschrieben verschließen und nochmals 2 Stunden kochen lassen. Den heißen Pudding vorsichtig aus der Form lösen, mit Würfelzucker und einem Stechpalmenzweig garnieren. Den Weinbrand oder Whisky in einer Kelle erwärmen, anzünden und brennend über den Pudding gießen. Den »brennenden« Pudding sofort – bei Kerzenlicht – servieren (Abb. S. 52).
Pro Person: 1337 Kalorien/5596 Joule
Serviervorschlag: Zum Plumpudding wird Weinbrandbutter gereicht. Man kann vor dem Servieren in Papier gewickelte Münzen als Glücksbringer in den Pudding drücken. Heißen Punsch oder Sekt dazu reichen.

Weinbrandbutter

100 g weiche Butter, 125 g Puderzucker, ausgeschabtes Mark von 1/4 Vanilleschote, 1 Glas (2 cl) Weinbrand, Muskatnuß

Die Butter mit dem Puderzucker und dem Vanillemark schaumig rühren. Wenn die Masse ganz locker und cremig ist, tropfenweise den Weinbrand unterrühren. Die Butter 2 Stunden im Kühlschrank erkalten lassen. Mit einem Hauch Muskatnuß bestreut servieren.
Pro Person: 325 Kalorien/1360 Joule

Indien

Die Küche Indiens ist sicherlich eine der vielseitigsten der Welt. Sie ist übrigens keineswegs so scharf, wie immer angenommen wird. Neben den berühmt-berüchtigten Currygerichten gibt es auch ausgesprochen lieblich zu nennende Speisen. Ein indisches Essen besteht in der Regel aus vielen Gängen. Dazu wird stets Puris, ein dünnes Fladenbrot, gereicht. Die nachfolgenden Gerichte gehören zur Festtagsküche.

Puri (Indisches Fladenbrot)

350 g Grahammehl (im Reformhaus erhältlich), 1/8 l lauwarmes Wasser, 10 g Butterschmalz, 1 kräftige Prise Salz, 1 El Öl, 450 g Butterschmalz zum Ausbacken

Das Mehl in eine Schüssel geben und nach und nach das Wasser einrühren. Butterschmalz und Salz dazugeben und den Teig 10 bis 15 Minuten kräftig kneten (mit dem Knethaken des Handrührgeräts nur 5 Minuten kneten). Den Teig zu einer Kugel formen und mit einem Küchentuch bedeckt 30 Minuten ruhen lassen. Die Hände mit etwas Öl einfetten und aus dem Teig dünne handtellergroße Scheiben formen. Jeweils reichlich Butterschmalz in einer kleinen Pfanne (9 bis 12 cm Durchmesser) rauchheiß werden lassen und den Teigfladen darin auf jeder Seite in 2 Minuten knusprig braun werden lassen. Dann rasch abtropfen lassen und auf einer dicken Lage Haushaltspapier abfetten lassen. So frisch wie möglich servieren.
Pro Person: 540 Kalorien/2260 Joule

Masala Machchi (Gebratener Fisch)

2 Zwiebeln, 2 Knoblauchzehen, 1 etwa 5 cm großes Stück frische Ingwerwurzel, 1 Tl gemahlene Kurkuma, 1/2 Tl gemahlener Kreuzkümmel, 1/2 Tl gemahlener Koriander, 1 Prise Chilipulver, Salz, 1 grüne Chilischote, 1 El gehackte Petersilie, 4 kleine Schollen (je 200 g), 8 El Öl

Die Zwiebeln schälen und eine davon zusammen mit den geschälten Knoblauchzehen und der geschälten Ingwerwurzel im Mixer fein pürieren. Dann mit den Gewürzen und wenn nötig etwas Wasser zu einer dicken Paste rühren. Die restliche Zwiebel ganz fein hacken. Die Chilischote aufschneiden, die Kerne entfernen und das Fruchtfleisch ebenfalls hacken. Zwiebel, Chili und Petersilie mit der Hälfte der Paste vermischen und die küchenfertigen Schollen damit füllen. Die Fische außen im Abstand von 1 cm mit einem scharfen Messer schräg einschneiden und mit der restlichen Paste bestreichen. Das Öl

in einer großen Pfanne erhitzen und die Fische darin auf beiden Seiten 10 Minuten knusprig braten lassen. Auf einer vorgewärmten Platte anrichten.
Pro Person: 292 Kalorien/1222 Joule
Serviervorschlag: Die Fische mit Zitronen- und Tomatenachteln umlegen. Der Fisch ist für indische Verhältnisse nicht sehr scharf; als Getränk paßt Mineralwasser ohne Kohlensäure besser als Wein.

Tandoor-Hähnchen

Ein Tandoor ist ein Herd, der aus einem großen, zu einem Drittel mit glühender Kohle gefüllten Tontopf besteht. An den Wänden kann man Fladenbrot backen. Über der Mitte hängen lange Bratspieße, an denen die Tandoor-Hähnchen gebraten werden. Bei indischen Festessen werden diese Hähnchen mit hauchdünnem Blattsilber garniert, das mitgegessen wird, weil es angeblich die Verdauung fördert.

2 ganz junge Hähnchen oder Küken (je etwa 450 g), Salz, 2 El Zitronensaft, 6 Knoblauchzehen, 1 kleines Stück Ingwerwurzel, 1 Tl gemahlener Koriander, 1 El Weinessig, 1/2 Tl Chilipulver oder Cayennepfeffer, 1 Prise gemahlene Nelken, 1/2 Tl gemahlenen Kreuzkümmel, 1 Tl Tomatenmark, 2 El Joghurt, 2 El Zitronensaft, 1/2 Tl Safran, 1 El gehackte Petersilie

Die küchenfertigen Hähnchen oder Küken innen und außen kalt abspülen, mit Haushaltspapier trockentupfen, salzen und mit Zitronensaft einreiben. Etwa 30 Minuten ziehen lassen. Die Knoblauchzehen schälen und durch die Knoblauchpresse drücken. Die geschälte Ingwerwurzel ganz fein hacken. Mit Koriander, Essig, Chilipulver, Nelken, Kreuzkümmel, Tomatenmark, Joghurt und dem restlichen Zitronensaft zu einer dicken Paste vermischen. Die Hähnchen oder Küken an der Brust und an den Schenkeln kreuzweise einschneiden und mit der Paste einstreichen. In Alufolie wickeln und über Nacht im Kühlschrank beizen. Am nächsten Tag auf Grillspieße stecken und unter dem Elektro- oder vor dem Holzkohlegrill unter ständigem Drehen 20 Minuten grillen. Die Hähnchen von den Spießen ziehen und auf einer vorgewärmten Platte anrichten. Den Safran in dem Zitronensaft auflösen und mit der gehackten Petersilie vermischt über die Hähnchen streichen.
Pro Person: 251 Kalorien/1050 Joule

Serviervorschlag: Dazu gibt es Salat aus Zwiebelringen, grünen Paprikaschoten, Minzblättern und dünnen Ingwerscheiben mit einer Marinade aus Zitronensaft und beliebigen Gewürzen.

Shammi Kabab (Hammel-Hacksteaks)

1/8 l Wasser, 500 g Hackfleisch vom Hammel, 4 Zwiebeln, 4 Knoblauchzehen, Salz, 1/2 Tl gemahlene Tamarinde, 60 g Erbsmehl (ersatzweise ein 60 g schweres Stück Erbswurst), 30 g Ingwerwurzel, 1 Tl Zitronensaft, 2 Eier, 4 grüne Chilischoten, 1 Tl Tomatenmark, 1 Prise gemahlene Kurkuma, 150 g Butterschmalz, 30 g gehackte Mandeln, 30 g kernlose Rosinen, 1 Prise Chilipulver, 1 Tl gemahlener Koriander

Das Wasser zum Kochen bringen. Hackfleisch, 2 geschälte, gehackte Zwiebeln und die geschälten, durch die Presse gedrückten Knoblauchzehen hineingeben. Die Tamarinde etwa 10 Minuten in 2 El Wasser einweichen. Das Wasser zu dem Fleisch geben. Mit Salz würzen und das Erbsmehl hineinrühren. Bei milder Hitze zugedeckt etwa 20 Minuten sanft köcheln lassen, dann abkühlen lassen. Die geschälte Ingwerwurzel fein hacken, zusammen mit dem Zitronensaft, den Eiern, 2 gewaschenen, fein gehackten Chilischoten und dem Tomatenmark unter das Fleisch mischen. Mit Kurkuma würzen. Die beiden restlichen Zwiebeln fein hacken und in etwas Butterschmalz goldgelb braten. Die gehackten Mandeln und die abgespülten, abgetrockneten Rosinen dazugeben. Mit Chilipulver, den beiden anderen, gehackten Chilischoten und Koriander mischen. Ebenfalls abkühlen lassen. Mit den Händen aus dem Fleischteig Kugeln von etwa 4 cm Durchmesser formen. Die Hände dabei immer wieder unter kaltes Wasser halten. In die Mitte der Kugeln eine Öffnung drücken. Etwas von der Zwiebel-Mandel-Füllung hineingeben. Die Öffnung verschließen und das Fleisch zu flachen Steaks formen. Das restliche Butterschmalz in einer großen tiefen Pfanne erhitzen und die Steaks darin auf beiden Seiten in 5 Minuten knusprig braun braten. Gut abtropfen lassen und auf einer vorgewärmten Platte anrichten.
Pro Person: 879 Kalorien/3679 Joule
Serviervorschlag: Zu diesem Gang wird der gleiche Salat gegessen wie zu dem Tandoor-Hähnchen. Außerdem können Sie dazu Ingwer-Chutney oder Englische Mintsauce servieren (besonders gut schmekken sie selbstgemacht).

Pork Vindaloo Curry (Sauer-scharfes Schweinefleisch)

100 g Butterschmalz oder Sesamöl, 4 Zwiebeln, 6 Knoblauchzehen, 500 g kleingewürfeltes, mageres Schweinefleisch, 1 Tl Chilipulver, 1/2 Tl Tamarinde, 30 g Ingwerwurzel, 2 grüne Chilischoten, Salz, 1/8 l Wasser, 2 Tl gemahlener Koriander, 1 Tl Fenchelsamen, 2 Tl gemahlene Senfkörner, 1 Messerspitze gemahlene Nelken, 1/2 Tl gemahlener Kardamom, 8 schwarze Pfefferkörner, 1 Stück Zimt, 1 Tl Zucker, 2 Tl Weinessig, 1/2 Tl Safran

Butterschmalz oder Sesamöl erhitzen. Die geschälten, gehackten Zwiebeln und die geschälten, durch die Presse gedrückten Knoblauchzehen darin goldgelb anbraten. Herausnehmen und beiseite stellen. Die Fleischwürfel in 5 Portionen hintereinander kurz in dem heißen Fett anbraten und warm stellen. Das Fett vom Herd nehmen. Tamarinde 10 Minuten in 2 El Wasser einweichen. Das Einweichwasser, das Chilipulver, die geschälte, in dünne Scheiben geschnittene Ingwerwurzel und die gewaschenen, fein gehackten Chilischoten ins Fett geben und 5 Minuten darin braten. Salz und Wasser hineinrühren und aufkochen. Fleisch, Zwiebeln und Knoblauch hineingeben und alles sanft köcheln lassen, bis das Fleisch weich ist. Alle übrigen Gewürze hineinrühren. In dem Weinessig den Safran auflösen und auch in das Curry rühren. Das Curry noch einmal kurz aufkochen und sehr heiß servieren.
Pro Person: 740 Kalorien/3097 Joule
Serviervorschlag: Zu dem Schwein-Curry körnig gekochten Reis servieren. Um die Geschmacksnerven etwas zu beruhigen, können Sie als nächsten Gang einen Gurkensalat mit Joghurtmarinade reichen.

Rayta (Joghurt-Gurken-Salat)

1 große Salatgurke, Salz, 1 Becher Sahnejoghurt (175 g), 1 kleine Zwiebel, 1 Tl gemahlener Koriander, 1 Messerspitze Ingwerpulver, 1/2 grüne Chilischote, frisch gemahlener schwarzer Pfeffer, Salz von 1/2 Zitrone, 1 Prise Zucker, 1 El gehackte glatte Petersilie

Die gewaschene, abgetrocknete Salatgurke auf einer groben Raffel reiben. Mit Salz bestreut 10 Minuten ziehen lassen. Dann den schaumig geschlagenen Joghurt darübergießen. Die geschälte, fein gehackte Zwiebel, Koriander, Ingwer, die gewaschene, fein gehackte Chili-

schote, Pfeffer, Zitronensaft und Zucker in den Salat geben, alles gründlich mischen und 20 Minuten im Kühlschrank durchziehen lassen. Dann mit Salz nachwürzen und mit Petersilie bestreut servieren.
Pro Person: 75 Kalorien/313 Joule

Mango-Sqash
(Für 8 Personen)

½ l Wasser, 400 g Zucker, 15 g Zitronensäure, 500 g Mangofruchtfleisch (ohne Kerne gewogen), gelbe Speisefarbe

Das Wasser mit dem Zucker und der Zitronensäure unter Rühren erhitzen, bis sich der Zucker ganz gelöst hat. Die Masse dann abkühlen lassen. Das Mangofruchtfleisch in den Entsafter geben oder in kleine Würfel schneiden, im Mixer pürieren und durch ein mit einem Mulltuch ausgelegtes Sieb drücken. Zuckerlösung, Speisefarbe und Mangosaft mischen, in den Kühlschrank stellen und sehr kühl servieren. Eventuell noch einige Eiswürfel hinzufügen.
Pro Person: 236 Kalorien/987 Joule
Serviervorschlag: Dieses kühle Getränk mit nicht zu süßem Gebäck anstelle eines Desserts reichen. Sie können es sich mit etwas Alkohol »veredeln«, am besten eignen sich dazu weißer Rum oder Arrak. Sie können als Dessert auch Fruchteis reichen. Es ist in Indien sehr beliebt. Zu unserem Menü würde Zitroneneis besonders gut passen.

Indonesien

Grundnahrungsmittel im tropischen Inselreich Indonesien ist der Reis, der sich, weil er fast geschmacksneutral ist, ganz hervorragend mit süßen, sauren, scharfen und milden Beilagen kombinieren läßt. Ein solches Meisterwerk der Kombinationsmöglichkeiten ist ohne Zweifel die indonesische Reistafel. Eine zeremonielle Reistafel enthält mindestens 20, oft bis zu 45 Gerichte. Einige davon stellen wir Ihnen hier vor. Sie sind jeweils für 4 Personen berechnet, sind aber in der Gesamtheit für 12–16 Personen ausreichend.
Die Hauptsache bei einer Reistafel ist natürlich körnig gekochter Reis. Rechnen Sie pro Person mindestens 50 g, höchstens 65 g rohen

Reis. Kochen Sie ihn wie üblich schön körnig, er darf aber ein klein wenig kleben, besonders wenn Sie die Reistafel stilecht mit Stäbchen genießen wollen. Neben den nachfolgenden Gerichten können Sie zusätzlich noch servieren: Kropoek (Krabbenbrot), das Sie nach der Packungsaufschrift zubereiten; 1 Schälchen mit Mango-Chutney, 1 Schälchen mit fein gehackten Dillgurken; 1 Glas Sambal Oelek; Sojasauce, die mit etwas Essig und Zucker abgeschmeckt wird, 1 Schälchen mit gemahlenen fettlos gerösteten Erdnüssen, eine Platte mit frischen Gemüsen (z. B. Champignonscheibchen, Lauchringe, in Streifen geschnittene rote und grüne Paprikaschoten und frische Sojabohnenkeimlinge); dann gehört zur Reistafel eine Sauce aus erwärmter Erdnußbutter, die mit Sojasauce, Essig und Zucker pikant abgeschmeckt wird.
Die Indonesier trinken zur Reistafel im allgemeinen Palmwein. Ansonsten paßt Bier besser zu den scharfen Gewürzen als Wein. Man kann aber auch Mineralwasser, Jasmintee oder grünen Tee servieren.
Als Dessert können Sie in Butter gebratene Bananen reichen, die vorher mit Honig bestrichen und in Kokosraspeln gewendet wurden.
Und nun zu den Kernstücken unserer Reistafel:

Acar Ikan (Saurer Fisch)

1 küchenfertige Makrele (etwa 600 g), 30 g Butterschmalz, 2 grüne Chilischoten, 1 kleine Zwiebel, 2 Knoblauchzehen, 1 Ingwerpflaume aus dem Glas, 50 g gehackte Haselnüsse, 1 Tl Kurkuma, 1 El Sojasauce, 1 Tl Zucker, 1 Tl Essig, Salz

Den innen und außen abgespülten und trockengetupften Fisch einige Malc quer einritzen, dann in dem heißen Butterschmalz auf jeder Seite 3 Minuten knusprig braten. Aus dem Fett nehmen und beiseite stellen. Die geputzten, gewaschenen und fein gehackten Chilischoten mit den geschälten, gehackten Zwiebeln und den geschälten, durch die Knoblauchpresse gedrückten Knoblauchzehen in dem Bratfett kurz anbraten, die fein gehackte Ingwerpflaume und die Haselnüsse in das Fett geben und ganz kurz mitbraten. Den Fisch wieder in die Pfanne legen. Mit Kurkuma, Sojasauce, Zucker, Essig und Salz würzen und zugedeckt bei ganz milder Hitze noch 10 Minuten ziehen lassen.
Pro Person: 351 Kalorien/1469 Joule

Bregedel Jagung (Maispastetchen)

100 g geschälte Krabben oder Shrimps, 1 Zwiebel, 1 Knoblauchzehe, 1 Stengel Staudensellerie, 1 El grüne Pfefferkörner (aus dem Glas), 1 kleine Dose Maiskörner (450 g), 1 Tl Kurkuma, 2 Eier, 2 El Mehl, Salz, Erdnußöl zum Ausbacken

Die Krabben oder Shrimps sehr fein hacken. Die geschälte Zwiebel reiben, die geschälte Knoblauchzehe durch die Presse drücken. Den Stengel Staudensellerie waschen, gründlich abtrocknen und ganz fein hacken. Die abgetropften Pfefferkörner im Mörser zerstampfen. Alles mit den gut abgetropften Maiskörnern und dem Kurkuma mischen. Die Eier unter die Masse rühren und alles mit dem Mehl binden. Den Teig mit Salz abschmecken. Wenn der Teig zu flüssig sein sollte, noch etwas Mehl hinzugeben. Das Erdnußöl so lange erhitzen, bis es an einem hineingehaltenen Holzstab Bläschen bildet. Dann mit 2 Eßlöffeln kleine Teighäufchen abstechen und immer 3 oder 4 auf einmal in dem Fett schwimmend in 5 Minuten knusprig braun braten. Dabei einmal wenden. Die Pastetchen mit einem Schaumlöffel aus dem Fett nehmen, auf einer dicken Lage Haushaltspapier abfetten lassen und bis zum Servieren warm halten.
Pro Person: 416 Kalorien/1741 Joule
Variation: Statt Krabben kann man auch gekochtes oder gebratenes Hühner- oder Schweinefleisch verwenden. Bei Hühnerfleisch sollte man aber etwas schärfer würzen, bei Schweinefleisch etwas mehr nehmen.

Sate Ayam (Hühnerfleisch am Spießchen)

4 tiefgekühlte Hähnchenbrustfilets (je etwa 150 g) 1 El Essig, 1 Messerspitze Knoblauchpulver, 2 El Sojasauce, 1 El Erdnußöl, 1 Knoblauchzehe, 80 g Erdnußbutter, je 1/8 l Milch und heiße Fleischbrühe, 1 Tl Chilipulver oder Cayennepfeffer, 1 Tl Zucker, eventuell etwas Salz

Die aufgetauten Hähnchenbrustfilets von ihrer Haut befreien, in knapp 2 cm große Würfel schneiden und auf kleine Holzspieße stekken. Essig mit Knoblauchpulver, 1 El Sojasauce und Erdnußöl vermischen. Die Hähnchenspieße damit einstreichen. 10 Minuten ziehen lassen, dann unter dem vorgeheizten Grill etwa 10 Minuten grillen. Dabei ständig wenden. Die Knoblauchzehe shälen und ganz fein

hacken. Die Erdnußbutter mit Milch, der restlichen Sojasauce und Fleischbrühe unter Rühren zum Kochen bringen. Knoblauch hineingeben und alles bei milder Hitze 5 Minuten kochen, dabei ständig weiterrühren. Vom Herd nehmen und mit Chilipulver oder Cayennepfeffer, Zucker und Salz abschmecken. Die Hähnchenspieße auf einer vorgewärmten Platte anrichten und mit der heißen Sauce übergießen.
Pro Person: 365 Kalorien/1528 Joule
Variation: Statt Hühnerfleisch kann man auch Rind-, Hammel- oder Schweinefleisch verwenden.

Semur (Geschmortes Huhn)

1 junges Brathuhn (etwa 1200 g), 3 El Erdnußöl, 1 große Zwiebel, 2 Knoblauchzehen, 2 El Sojasauce, 1 Tl Zucker, 1/8 l Wasser, weißer Pfeffer, Salz

Das Huhn innen und außen abspülen und mit Haushaltspapier trokkentupfen. Das Öl in einem großen Topf erhitzen und das Huhn darin rundherum 10 Minuten knusprig braun braten. Dann herausnehmen und etwas abkühlen lassen. Die geschälte, gehackte Zwiebel und die geschälten, durch die Presse gedrückten Knoblauchzehen in dem heißen Bratfett kurz anbraten. Sojasauce, Zucker und Wasser dazugeben und alles einmal aufkochen lassen. Das Hühnerfleisch in großen Stücken von den Knochen lösen und wieder in den Topf geben. Zugedeckt bei milder Hitze 15 Minuten schmoren lassen. Dann mit Pfeffer und eventuell etwas Salz abschmecken. Heiß auftragen.
Pro Person: 348 Kalorien/1457 Joule

Sambal goreng telur (Eier in scharfer Sauce)

1/2 Tl Tamarinde, 2 El heißes Wasser, 4 hartgekochte Eier, 4 El Öl, 4 Zwiebeln, 2 Knoblauchzehen, 1 Tl Terasi (Garnelenpaste), 1/2 Tl Ingwerpulver, 1 El Sambal oelek, Salz

Die Tamarinde 1 Stunde in dem heißen Wasser einweichen. Die geschälten Eier halbieren und auf den Eiweiß-Seiten in 1 El heißem Öl hellbraun braten. Dann beiseite stellen. In dem restlichen Öl die geschälten, fein gehackten Zwiebeln und die geschälten, durch die Presse gedrückten Knoblauchzehen goldgelb braten. Das von der Ta-

marinde abgegossene Wasser, die Garnelenpaste, Ingwerpulver und Sambal oelek dazugeben. Alles zugedeckt bei milder Hitze 20 Minuten schmoren lassen. Die Sauce wenn nötig mit Salz nachwürzen. Die Eier in der Sauce erhitzen und darin servieren.
Pro Person: 208 Kalorien/871 Joule
Tip: Die Sauce kann man schon einige Tage vor dem Essen vorbereiten und im Kühlschrank aufbewahren.

Serundeng (Geröstete Kokosraspeln und Erdnüsse)

200 g Kokosraspeln, 100 g Erdnußkerne, ½ Tl Kreuzkümmel, 1 Tl gemahlener Koriander, 1 El dunkler flüssiger Honig, 100 g mageres Rindfleisch, 2 El Erdnußöl, Salz

Die Kokosraspeln in einer beschichteten Pfanne ohne Fett unter ständigem Rühren hellbraun rösten und beiseite stellen. Die Erdnußkerne durch die Mandelmühle drehen, dann ebenfalls ohne Fett rösten und mit den Kokosraspeln mischen. Mit Kreuzkümmel, Koriander und Honig verrühren. Das Rindfleisch ganz fein würfeln und in dem heißen Erdnußöl ganz scharf anbraten. Mit etwas Salz bestreut unter Rühren so lange braten, bis die Fleischstücke nicht größer als eine Erdnuß sind. Noch heiß mit der Erdnuß-Kokosnuß-Masse mischen und abkühlen lassen.
Pro Person: 419 Kalorien/1754 Joule
Tip: Serundeng hält sich im Kühlschrank fast eine Woche, es sollte aber vor dem Servieren mindestens 2 Stunden bei Zimmertemperatur »erwärmen«, damit es sein volles Aroma entfaltet.

Empal Daging (Scharf gewürztes Rindfleisch)

4 Zwiebeln, 2 Knoblauchzehen, 1 Stück Ingwerwurzel (etwa 5 cm), 750 g Rindfleisch aus der Keule, 3 El Erdnuß- oder Sesamöl, ½ Tl gemahlener Piment, ½ Tl Zimt, 100 g Kokosraspeln, 25 g gehackte Haselnüsse, ⅛ l Wasser, 3 Tl Sambal oelek, 1 Tl Kreuzkümmel, ½ Tl gemahlener Anis, Salz

Die geschälten Zwiebeln reiben, die geschälten Knoblauchzehen durch die Presse drücken. Die geschälte Ingwerwurzel fein raspeln und alles mischen. Das abgespülte, mit Haushaltspapier trockengetupfte Rindfleisch in etwa 2 cm große Würfel schneiden und eben-

 Griechisches Menü (S. 32)/Dänischer Gänsebraten (S. 19)

falls untermischen. Alles 30 Minuten ziehen lassen. Dann das Öl rauchheiß werden lassen und die Fleisch-Zwiebel-Mischung darin unter ständigem Rühren 5 Minuten scharf anbraten. Piment, Zimt, Kokosraspeln und Haselnüsse dazugeben, mit Wasser auffüllen und alles zugedeckt 25 Minuten sanft schmoren lassen. Dann 5 Minuten ohne Deckel kochen, damit die Flüssigkeit zum Teil verdampft. Empal Daging mit Sambal oelek, Kreuzkümmel, Anis und eventuell mit Salz sehr scharf würzen. Heiß servieren.
Pro Person: 607 Kalorien/2541 Joule

Krabben-Molee

30 g Butter, 1 Zwiebel, ½ Tl Kurkuma, ¼ Tl Knoblauchpulver, ½ Tl Ingwerpulver, ½ Tl Salz, Milch von 1 Kokosnuß, 200 g frische Krabben ohne Schalen oder geschälte Scampi

Die Butter in einer großen Pfanne erhitzen und die geschälte, fein gehackte Zwiebel darin goldgelb braten. Die Gewürze dazugeben und alles unter Rühren noch 2 Minuten schmoren. Dann die Kokosmilch angießen und aufkochen. Die Pfanne vom Herd nehmen, die Krabben oder Scampi in die Sauce geben. Nochmals auf den Herd stellen, damit die Krabben heiß werden, die Sauce darf aber nicht mehr kochen.
Pro Person: 135 Kalorien/565 Joule
Tip: Wenn Sie keine frische Kokosmilch haben, übergießen Sie 100 g Kokosraspeln mit $^3/_{16}$ l kochendem Wasser und lassen diese Mischung 10 Minuten ziehen. Dann gießen Sie die Flüssigkeit durch ein mit einem Mulltuch ausgelegtes Haarsieb und drücken die Kokosraspeln so stark wie möglich aus. Kenner schätzen die so gewonnene Kokosmilch ganz besonders.

Irland

Die Iren sind traditionsbewußt – auch in ihren Eßgewohnheiten. Sie bevorzugen immer noch die Gerichte, die schon ihre Väter und Großväter aßen. Die irische Küche ist demnach sehr einfach, aber sie ist dennoch sehr wohlschmeckend, wie das nachfolgende Essen mit Vorspeise, Suppe, Hauptgericht und abschließendem Irish Coffee zeigt.

Plumpudding aus Großbritannien (S. 40)

Boxty Pancakes (Kartoffelpuffer)

500 g Kartoffeln, 100 g Mehl, 1/16 l Milch, Salz, gemahlener Kümmel, 150 g durchwachsener Speck, 20 g fetter Speck

Die Kartoffeln schälen und in eine Schüssel mit Wasser stellen. Das Mehl mit der Milch verrühren. Die Kartoffeln einzeln grob raffeln, in einem Sieb kräftig ausdrücken und zu der Milch-Mehl-Mischung geben. Mit Salz und Kümmel abschmecken. Den durchwachsenen Speck in dünne Scheiben schneiden, den fetten Speck würfeln und etwa ein Drittel davon in einer großen Pfanne auslassen. Jeweils 2 bis 3 Scheiben Speck darin knusprig braun braten, herausnehmen und beiseite stellen. In dem heißen Speckfett immer 2 bis 3 Kartoffelpuffer auf einmal braten, mit einer Speckscheibe belegen und heiß servieren.

Pro Person: 498 Kalorien/2084 Joule

Mussel Brose (Muschelsuppe)

1 kg frische Miesmuscheln, 1 Bund Suppengrün, 1 Zwiebel, 1 Bund Petersilie, 75 g Butter, 1/4 l Apfelwein, 30 g Mehl, 1/2 l Milch, 1/8 l Sahne, Salz, frisch gemahlener schwarzer Pfeffer, geriebene Muskatnuß

Die Muscheln unter fließendem kalten Wasser gründlich abbürsten und dabei die Bärte entfernen. Offene Muscheln wegwerfen, da sie nicht genießbar sind. Das Suppengrün putzen, waschen, abtropfen lassen und hacken. Die geschälte Zwiebel ebenfalls hacken. Die Petersilie abspülen, trockenschwenken und 3 Stiele abnehmen, den Rest beiseite legen. 25 g Butter in einem großen Topf erhitzen, Suppengrün, Zwiebel und Petersilie darin kurz anrösten, mit dem Apfelwein auffüllen und die Muscheln hineingeben. Zugedeckt 10 Minuten kochen lassen. Muscheln, die sich dann nicht geöffnet haben, gleich wegwerfen – sie sind ebenfalls nicht genießbar. Die übrigen Muscheln in eine vorgewärmte Terrine füllen und warm stellen. Den Muschelsud durch ein Haarsieb gießen. Die restliche Butter erhitzen, das Mehl hineinschütten und unter Rühren 3 Minuten bei milder Hitze anschwitzen. Die Milch hineinrühren, aufkochen und 5 Minuten bei milder Hitze weiterrühren lassen. Dann die Sahne und den Muschelsud hineingeben. Mit Salz, Pfeffer und Muskatnuß abschmecken. Die restliche Petersilie hacken. Die Suppe nochmals fast

zum Kochen bringen, über die Muscheln gießen und mit Petersilie bestreuen.
Pro Person: 451 Kalorien/1887 Joule
Serviervorschlag: Dazu frisches irisches Bauernbrot reichen.

Irisches Bauernbrot

500 g feines Roggenmehl, 60 g grobes Roggenmehl, 60 g grobe Haferflocken, 120 g Weizenmehl, 1 Tl Salz, 1½ Tl Natron, ¾ l saure Sahne oder Buttermilch, Butter zum Bestreichen

Alle Mehlsorten und die Haferflocken mit Salz und Natron in einer Schüssel mischen. In die Mitte eine Vertiefung drücken und die saure Sahne oder Buttermilch in einem Strahl hineingießen. Dann von innen nach außen zu einem weichen, aber nicht feuchten Teig verrühren, dann noch kurz durchkneten oder mit dem Knethaken eines Handrührgeräts durcharbeiten. Aus dem Teig mit leicht bemehlten Händen einen runden Laib formen. Ein Backblech mit Butter einfetten und das Brot draufsetzen. Mit einem Messer das Brot etwa 1 cm tief über Kreuz einschneiden. Das Brot in dem auf 200 Grad (Gasherd Stufe 3) vorgeheizten Ofen 45 Minuten backen. Vor dem Aufschneiden erst ganz abkühlen lassen.
Insgesamt: 913 Kalorien/3821 Joule
Serviervorschlag: Frische Butter dazu servieren.

Gebratene Lammkeule

1200 g Lammkeule (mit Knochen), 1 Tl Salz, frisch gemahlener schwarzer Pfeffer, 2 El frische Lavendelblätter (ersatzweise 1 El getrocknete Lavendelblüten), 60 g Butter

Die Lammkeule unter kaltem Wasser abspülen, trockenreiben und eventuell häuten. Salz, Pfeffer und Lavendelblätter (Lavendelblüten vorher zerreiben) mischen und die Keule damit rundherum einreiben. Die Keule auf einen Bratrost legen, die Fettpfanne darunterstellen. Das Fleisch mit der zerlassenen Butter einfetten und in dem auf 250 Grad (Gasherd Stufe 6) vorgeheizten Backofen 1½ Stunden braten. Zwischendurch einmal wenden und immer wieder mit Bratfond begießen. Wenn nötig etwas Wasser in die Fettpfanne geben. Den Braten in dem ausgeschalteten Ofen noch 5 Minuten

ruhen lassen, dann aufschneiden und auf einer vorgewärmten Platte wieder als Keule zusammenlegen. Sehr heiß servieren.
Pro Person: 863 Kalorien/3612 Joule
Serviervorschlag: Dazu gibt es neue Kartoffeln und in Butter geschwenkte und mit etwas Zucker glasierte junge Möhrchen und Minzsauce.

Minzsauce

2 El gehackte frische Minzblätter, 1 Tl Farinzucker, 1 El kochendes Wasser, 3 El Weinessig

Die Minzblätter mit dem Zucker vermischen. Das heiße Wasser darübergießen und alles verrühren, bis sich der Zucker gelöst hat. Dann den Weinessig dazugeben und die Sauce zugedeckt mindestens 1 Stunde im Kühlschrank durchziehen lassen.
Pro Person: 5 Kalorien/21 Joule

Irish Coffee

1/4 l Sahne, 4 Tassen starker Kaffee, 8 Tl Farinzucker oder 8 Stücke Würfelzucker, 4 Glas (je 2 cl) Irischer Whiskey

Die Sahne halb steif schlagen. In je ein Irish-Coffee-Glas oder ein dickwandiges Weinglas 1 Tasse sehr heißen Kaffee geben und mit 2 Tl Farinzucker oder 2 Stücken Würfelzucker süßen. Dann erst je 1 Glas Whiskey vorsichtig hineinlaufen lassen. Whiskey und Kaffee sollen sich leicht vermischen. Mit so viel Sahne bedecken, daß das Glas bis zum Rand gefüllt ist. Niemals umrühren, sondern den Kaffee durch den Whiskey und die Sahne hindurch schlürfen.
Pro Person: 278 Kalorien/1164 Joule

Israel

Israel hat sicherlich eine der traditionsreichsten Küchen der Welt. Jedes religiöse Fest hat sein eigenes charakteristisches Essen, das in allen strenggläubigen Familien an diesem Tag auf den Tisch kommt. Das Seder-Essen, das wir Ihnen hier vorstellen, wird am Vorabend des Pessach gegessen. Pessach (Passah), eines der großen jüdischen Feste, wird zur Erinnerung an den Auszug aus Ägypten gefeiert. Pessach wird auch »Fest des ungesäuerten Brotes« genannt. Denn bei der überstürzten Flucht blieb den Kindern Israels keine Zeit mehr, ihr Brot zu säuern. Deshalb auch wird am Tag vor Pessach das Haus gründlich gereinigt von allem »Gesäuerten«. Am Abend wird das Seder-Essen veranstaltet. »Seder« heißt nichts anderes als Ordnung. Zu den rituellen Gerichten des Seder-Essens gehört Charoses, das ein Sinnbild des Lehms ist, aus dem die Israelis die Ziegelsteine brannten, mit denen sie die Schatzhäuser des Pharao bauen mußten.

Charoses

500 g süße Äpfel, 60 g gehackte Nüsse, 50 g Puderzucker, 60 g Rosinen oder Sultaninen, 60 g fein gehackte Feigen, 1 Tl Zimt, 2 El Wein

Die geschälten Äpfel fein reiben und mit den Nüssen und dem Puderzucker zu einer glatten Masse verrühren. Die Rosinen oder Sultaninen mit kochendem Wasser übergießen, abtropfen lassen und zusammen mit den gehackten Feigen, dem Zimt und dem Wein unter die Apfelspeise rühren.
Pro Person: 296 Kalorien/1239 Joule

Gehackte Leber
(Für 6 Personen)

500 g Hühner- oder Kalbsleber, 60 g Hühnerfett, 2 Zwiebeln, 2 Knoblauchzehen, 4 hartgekochte Eier, Salz, weißer Pfeffer

Die abgespülte, trockengetupfte Leber von Haut und Sehnen befreien und in 20 g Hühnerfett auf jeder Seite 2 Minuten braten. Beiseite stellen. In einer zweiten Pfanne nochmal 20 g Hühnerfett erhitzen und die geschälten und gehackten Zwiebeln und Knoblauchzehen darin goldgelb braten. Leber und die Eier hacken und zusammen mit Zwiebeln und Knoblauch durch den Fleischwolf (mittlere Scheibe) drehen. Mit dem restlichen Hühnerfett zu einer glatten Masse verkneten. Mit Salz und Pfeffer würzig abschmecken und wie eine Pastete formen. Kalt servieren.
Pro Person: 276 Kalorien/1155 Joule

Serviervorschlag: Gehackte Leber in Scheiben aufschneiden, mit Tomatenachteln und Salatblättern garnieren und dazu ungesäuertes Brot (Mazzen) reichen.

Gefilte Fisch

(Für 6 Personen)

Bei dieser Vorspeise erinnert heute nur noch ihr Name an die ursprüngliche Zubereitung: Ein Fisch wurde vorsichtig aus seiner Haut gelöst und entgrätet. Die Haut durfte nicht verletzt werden. Das Fischfleisch wurde zu einer Füllung verarbeitet und wieder in die noch mit Kopf und Flossen versehene Fischhaut gefüllt. Dieses Verfahren ist heute wesentlich vereinfacht worden:

1 Forelle (500 g), 500 g Hechtfilet, 4 Zwiebeln, 1 Ei, 2 El Mazzemehl, Salz, Pfeffer, 1 Tl Zucker, 3 Möhren, 1 Petersilienwurzel, 1/4 Sellerieknolle, 2 El Zitronensaft, 1 1/2 l Wasser, 1 Lorbeerblatt, 6 Pfefferkörner, 4 Wacholderbeeren, Fischabfälle

Die Forelle häuten, filetieren und entgräten. Die Hechtfilets ebenfalls entgräten. Zusammen mit 3 geschälten, grob gehackten Zwiebeln durch den Fleischwolf (mittlere Scheibe) drehen. Mit Ei und Mazzemehl zu einem festen Teig kneten und mit Salz, Pfeffer und Zucker abschmecken. 30 Minuten ruhen lassen. In der Zwischenzeit die Möhren schälen und in Scheiben schneiden, 2/3 davon beiseite stellen. Die Petersilienwurzel schaben, abspülen und auch in Scheiben schneiden, die geschälte, abgespülte Sellerieknolle grob würfeln. Zitronensaft und Wasser mischen, salzen und mit dem vorbereiteten Gemüse, den Gewürzen und den Fischabfällen 20 Minuten zugedeckt kochen lassen. Dann durch ein Sieb gießen, die Fischabfälle und das Gemüse aufheben. Aus dem Teig mit angefeuchteten Händen längliche Klößchen formen und in dem Sud bei mittlerer Hitze 20 Minuten mehr ziehen als kochen lassen. Die Fischklößchen mit einem Schaumlöffel herausnehmen, abtropfen lassen und auf einer Platte anrichten. Jetzt die restlichen Karotten und die in Scheiben geschnittene vierte Zwiebel in dem Sud in 10 Minuten halbweich kochen lassen. Abtropfen lassen und um die Fischklößchen legen. Den Sud mit den Abfällen bei starker Hitze etwa um die Hälfte einkochen lassen, dann durch ein Sieb über die Fischbälle gießen und alles 4 bis 5 Stunden im Kühlschrank durchziehen lassen.

Pro Person: 128 Kalorien/536 Joule

Hühnersuppe mit Mazzeklößchen

(Für 6 Personen)

1 Suppenhuhn (etwa 2000 g), Herz, Magen und Hals, 1 große Zwiebel, 1 große Möhre, 2 Stangen Staudensellerie mit Blättern, 1 Lorbeerblatt, 6 Pfefferkörner, 2 l Wasser, Salz, Pfeffer

Das Huhn innen und außen mit kaltem Wasser abspülen. Die Innereien ebenfalls abspülen. Die Zwiebel schälen und vierteln. Die Möhre schälen, abspülen und in Scheiben schneiden. Die geputzten Selleriestangen und die Blätter abspülen, die Stangen grob würfeln. Alles mit den Gewürzen und dem Wasser aufsetzen, salzen, zum Kochen bringen und 90 Minuten kochen lassen, bis das Huhn weich ist. Das Huhn aus der Suppe nehmen und warm stellen. Die Bouillon durch ein Sieb gießen und mit Salz und Pfeffer abschmecken.

Mazzeklößchen

3 ganze Scheiben Mazzen, 2 El Hühner- oder Gänsefett, 1 Zwiebel, 2 Eier, Salz, Pfeffer, 1 bis 2 El Mazzemehl

Die Mazzen in kaltem Wasser einweichen, 10 Minuten ziehen lassen, dann ausdrücken. Das Hühner- oder Gänsefett erhitzen und die fein gehackte Zwiebel darin goldgelb braten. Die Zwiebel mit ihrem Bratfett und die Eier mit dem Mazzen zu einem festen Teig kneten. Mit Salz und Pfeffer abschmecken. Wenn der Teig zu weich ist, noch etwas Mazzemehl dazugeben. Aus dem Teig kleine Kugeln von 2 cm Durchmesser formen. Die Hühnerbrühe einmal aufkochen lassen. Die Mazzenklößchen hineingeben und 15 Minuten ziehen lassen.
Pro Person: 489 Kalorien/2047 Joule (einschließlich Suppe)

Süßsaurer Kohl

(Für 6 Personen)

1 Kopf Rotkohl (1250 g), 2 El Gänsefett, 2 säuerliche Äpfel, Salz, weißer Pfeffer, 1/8 l heißes Wasser, 2 El Mehl, 4 El Zucker, Saft von 1/2 Zitrone

Von dem Kohlkopf die äußeren Blätter abschneiden. Den Kohl vierteln, waschen und fein hobeln. Das Gänsefett in einem großen Topf erhitzen. Den Kohl immer portionsweise hineingeben und unter Rüh-

ren andünsten. Mit Salz und Pfeffer abschmecken und mit dem heißen Wasser begießen. Zugedeckt 30 Minuten bei nicht zu starker Hitze schmoren lassen. Dann das Mehl darüberstäuben und unterrühren. Den Kohl mit Zucker und Zitronensaft abschmecken und zugedeckt noch 60 Minuten kochen lassen, bis er weich und sämig wird.
Pro Person: 150 Kalorien/628 Joule
Serviervorschlag: Dieses Kohlgericht kann als eigenständiger Gang, eventuell mit Kartoffeln als Beilage, gegessen werden. Oder man serviert ihn zu dem gekochten, aufgeschnittenen Huhn aus der Suppe, das sonst schon vor dem eingelegten Gemüse gereicht wird.

Pessach-Kuchen

2 Eier, 5 Eidotter, 240 g Zucker, 240 g geriebene Mandeln, Saft und abgeriebene Schale von 1/2 ungespritzten Zitrone, 1 El Mazzemehl, 5 Eiweiß, Öl zum Einfetten

Die Eier mit den Eidottern und dem Zucker zu einer dicken, schaumigen Masse schlagen. Vorsichtig die geriebenen Mandeln, Zitronensaft und -schale und das Mazzemehl unterziehen. Das Eiweiß zu steifem Schnee schlagen und mit dem Teig locker mischen. Eine große Kastenform einfetten, den Teig hineinfüllen und in dem auf 220 Grad (Gasherd Stufe 4) vorgeheizten Ofen 50 Minuten backen. Erst nach dem Auskühlen aus der Form lösen und aufschneiden.
Insgesamt: 3224 Kalorien/13496 Joule
Serviervorschlag: Traditionsgemäß wird zum Pessach-Kuchen Tee getrunken.

Italien

Festtags- und Alltagsküche unterscheiden sich in der italienischen Küche nicht so stark wie hierzulande. Es wird lediglich eine Spur üppiger und ausgefallener gekocht als üblich. Man reicht vielleicht mehrere Vorspeisen und eine Suppe vor dem Hauptgericht und man läßt sich bei der Mahlzeit selbst viel Zeit, denn die Italiener lieben die Geselligkeit, und das Essen ist für sie ein willkommener Anlaß zum ausgiebigen Beisammensein.

Antipasti misti (Gemischter Vorspeisenteller)

Grüne Oliven – eingelegte Artischockenherzen – Mixed pickles – zu Tütchen gedrehte Salamischeiben – Cornichons – mit Paprikamark verzierte Staudenselleriestückchen – gut gekühlte frische Feigen mit hauchdünn geschnittenem Parmaschinken – Melonenschnitze

Carcoifi alla giudia (Artischocken auf jüdische Art)

8 zarte junge Artischocken, Saft von 1 Zitrone, Salz, frisch gemahlener schwarzer Pfeffer, 1 l Olivenöl

Die Artischocken putzen und die Blattenden etwas abschneiden. Die Artischocken dann vorsichtig auseinanderbiegen. Das »Heu« im Inneren entfernen. Jede so vorbereitete Artischocke sofort in eine Schüssel mit Wasser und dem Zitronensaft legen. Die Artischocken dann einzeln herausnehmen, gründlich abtropfen lassen und mit Haushaltspapier trockentupfen. Die Blätter von innen her leicht mit Salz und Pfeffer bestreuen. Das Öl in einen großen Topf gießen und die Artischocken hineingeben. Sie dürfen nicht gepreßt werden, weil sie noch aufgehen. Eventuell zwei Töpfe verwenden. Das Öl langsam erhitzen, es darf nicht zu heiß werden. Die Artischocken müssen ganz mit Öl bedeckt sein. Wenn sie zu bräunen beginnen, auf die Seite legen. Wenden, bis sie rundherum an den Blattenden knusprig braun sind. Die Artischocken müssen wie Blüten aufgehen, innen weich und außen knusprig sein. Die Artischocken mit einem Schaumlöffel aus dem Öl nehmen, auf Haushaltspapier abfetten lassen und heiß servieren.

Pro Person: 322 Kalorien/1349 Joule

Serviervorschlag: Die Artischocken mit Zitronenschnitzen garnieren. Als Getränk einen spritzigen Weißwein dazu reichen.

Stracciatella (Eierflockensuppe)

4 Scheiben altbackenes Toastbrot, 50 g geriebener Parmesan, 2 Eier, Salz, frisch gemahlener schwarzer Pfeffer, geriebene Muskatnuß, 1½ l klare Hühner- oder Rindfleischbrühe

Das Toastbrot entrinden und ganz fein reiben, dann mit dem geriebenen Parmesankäse mischen. Die Eier schaumig schlagen und langsam

die Brot-Käse-Mischung unterziehen. Mit Salz, Pfeffer und Muskatnuß würzen. Die Brühe sprudelnd aufkochen. Die Eiermasse langsam hineinlaufen lassen und im geschlossenen Topf etwa 5 Minuten garziehen lassen. Den Topf dabei vom Herd nehmen. Die Suppe mit einem Schneebesen kräftig durchschlagen, damit aus der Eiermasse lauter Flöckchen werden. Die Eierflockensuppe in vorgewärmten Tassen servieren.
Pro Person: 173 Kalorien/724 Joule
Serviervorschlag: Die Suppe nach Belieben noch mit gehackter Petersilie oder fein gehacktem Zwiebelgrün bestreuen.

Pollo fritto alla Romana (Gebackenes Huhn auf römische Art)

2 küchenfertige Brathähnchen (je 800 g), 2 l klare Hühnerbrühe, 150 g Mehl, 2 Eier, Salz, 1 Prise Ingwerpulver, 1 Prise Nelkenpulver, 1 Prise Muskatnuß, 3/8 l herber Weißwein, 50 g geriebener Parmesankäse, 1 l Olivenöl.

Die Brathähnchen innen und außen waschen und abtropfen lassen. Die Hühnerbrühe aufkochen, die Hähnchen hineingeben und zugedeckt bei milder Hitze 30 Minuten kochen lassen. Die Hähnchen abtropfen und etwas abkühlen lassen. Dann die Haut abziehen und das Fleisch in möglichst großen Stücken von den Knochen lösen. Abkühlen lassen. Das Mehl in eine Schüssel geben, mit den Eiern und den Gewürzen vermischen. Dann nach und nach den Weißwein hineingießen und alles mit dem Schneebesen zu einem dünnen Teig verrühren. Den Teig 10 Minuten ruhen lassen. Dann mit dem Parmesankäse mischen. Das Öl in einem Fritiertopf so stark erhitzen, daß es an einem hineingehaltenen Holzstab Blasen bildet. Das Hühnerfleisch in etwa kleinfingergroße Stücke schneiden. Immer 5 bis 7 Stifte auf einmal durch den Teig ziehen und in dem Fett schwimmend in 4 bis 5 Minuten rundherum knusprig braun braten. Die Stifte auf dicken Lagen Haushaltspapier abfetten lassen und warm stellen, bis alle fertig sind.
Pro Person: 1094 Kalorien/4579 Joule
Serviervorschlag: Die Fleischstifte bergartig auf Salatblättern anrichten und mit Zitronenspalten und in dem Fett ausgebackenen Petersiliesträußchen garnieren. Dazu kann man Remouladensauce reichen und einen Salat aus 4 Orangen (in Scheiben geschnitten) und einer in Ringe geschnittenen Gemüsezwiebel mit einer Marinade aus Zitro-

nensaft, Olivenöl, Salz und Pfeffer. Natürlich gehört auch frisches Weißbrot dazu und als Getränk ein kühler Rosé oder ein fruchtiger Weißwein.

Fragole con vino (Erdbeeren mit Wein)

500 g frische Erdbeeren, 4 El Puderzucker, 1 El Zitronensaft, ½ l Marsala

Die gewaschenen Erdbeeren abtropfen lassen und von ihren Stielen befreien. Die Früchte halbieren und mit Puderzucker und Zitronensaft vermischen. Zugedeckt mindestens 1 Stunde im Kühlschrank durchziehen lassen. Dann in Glasschälchen füllen und mit dem gut gekühlten Marsala begossen servieren.
Pro Person: 273 Kalorien/1144 Joule
Serviervorschlag: Dazu nicht zu süße Waffeln und eventuell noch ungesüßte Schlagsahne reichen.

Jamaika

Rühmenswert sind nicht nur die Drinks der karibischen Inseln, auch die Kochkunst ist nicht zu verachten, wie nachfolgendes Menü zeigt. Daß das Essen mit einem köstlichen Getränk eingeleitet wird, dürfte kaum überraschen.

Daiquiri (Für 1 Person)

3 Glas (je 2 cl) weißer Rum, 1 Tl Puderzucker, 3 El frisch gepreßter Limonensaft (ersatzweise Zitronensaft), 2 Eiswürfel

Alle Zutaten in den Shaker geben. Den Shaker mit einem Küchentuch umwickeln. Gut schütteln. Den Drink durch ein Barsieb in ein gut vorgekühltes Cocktailglas abseihen und sofort servieren.
Pro Person: 250 Kalorien/1047 Joule
Variation: Daiquiri kann »veredelt« werden: durch 1 cl Grenadine (Granatapfelsirup), durch feinen Bananenbrei aus ¼ Banane und 2 Glas (je 2 cl) Bananenlikör, durch 6 cl Ananassaft oder durch 1 püriertes Pfirsichstück und 1 cl Apricot Brandy.

Surullitos (Käsestangen)

¾ l Salzwasser, 225 g Maismehl (ersatzweise 250 g Weizenmehl, 250 g geriebenen Sbrinz oder Greyerzer Käse, 1 l Erdnußöl zum Ausbacken.

Das Salzwasser sprudelnd aufkochen und das Maismehl langsam in einem dicken Strahl einlaufen lassen und unterrühren, dabei ständig kochen lassen. Die Hitze reduzieren und den Brei 3 Minuten weiterrühren, bis das Mehl ausgequollen ist. Den Topf dann vom Herd nehmen und eßlöffelweise den Käse hineinrühren, erkalten lassen. Die Hände immer wieder unter kaltes Wasser halten und aus dem Teig fingerdicke Rollen drehen. Diese Rollen mit Pergamentpapier bedeckt über Nacht im Kühlschrank ruhen lassen. Dann das Öl so stark erhitzen, daß sich an einem hineingehaltenen Holzstab Bläschen bilden. Immer 4 bis 5 Käsestangen auf einmal hineingeben und in 5 Minuten rundherum knusprig braun braten. Auf einer dicken Lage Haushaltspapier abfetten lassen und heiß oder nur leicht abgekühlt zu dem Drink servieren.
Pro Person: 723 Kalorien/3026 Joule
Serviervorschlag: Diese Käsestangen kann man selbstverständlich auch zu Weißwein oder Bier reichen.

Langosta Criolla (Geschmorte Languste)

4 l Salzwasser, 2 lebende Langusten (je 1500 g), 5 Zwiebeln, 1 Knoblauchzehe, 50 g Butterschmalz, 500 g Tomaten, 1 Bund glatte Petersilie, 2 rote Chilischoten, ⅛ l herber Weißwein, Salz, 1 Tl Zucker, 3 El Erdnußöl

Das Salzwasser sprudelnd aufkochen. Die Langusten unter fließendem Wasser gründlich abbürsten, dann mit den Köpfen zuerst in das Wasser geben und im geschlossenen Topf 25 Minuten kochen lassen. Die Langusten aus dem Wasser nehmen, abkühlen lassen und mit einer Küchenschere seitlich öffnen. Die Schalen dabei nicht zerbrechen. Beine und Fühler vorsichtig abschneiden und wegwerfen. Den schwarzen Darmstrang ebenfalls entfernen. Die Innereien vorsichtig aus dem Fleisch schaben und beiseite stellen. Zwiebeln und Knoblauchzehe schälen und fein hacken. Das Butterschmalz erhitzen, Zwiebeln und Knoblauch darin glasig braten. Die Tomaten waschen, achteln und dabei die Stengelansätze entfernen. Tomatenachtel mit

der abgespülten, trocken geschwenkten und grob gehackten Petersilie zu den Zwiebeln geben. Die Chilischoten putzen, abspülen, hacken und auch dazugeben. Mit Weißwein aufgießen und alles zugedeckt 25 Minuten schmoren lassen. Die Sauce durch ein Sieb streichen und mit Salz und Zucker abschmecken. Das Erdnußöl in einem Bräter erhitzen und die Langustenhälften darin 3 bis 4 Minuten anbraten. Dabei einmal wenden. Die Langusten mit der Sauce überziehen und 10 Minuten bei nicht zu starker Hitze zugedeckt schmoren lassen. Die Langustenhälften dekorativ auf einer tiefen Platte anrichten. Die Innereien durch ein Sieb in die Sauce drücken und unterrühren. Die Sauce über die Langusten gießen.
Pro Person: 396 Kalorien/1658 Joule
Serviervorschlag: Dazu Reis servieren, der mit Safran und gehackter Petersilie vermischt und mit gehackten Eiern bestreut wird. Als Getränk ist ein kräftiger Weißwein zu empfehlen.

Flambierte Bananen

4 reife Bananen, 4 El Zitronensaft, 60 g Butter, 50 g Zucker, 1 Päckchen Vanillezucker, 4 Tl Honig, 1/2 Tl gemahlene Nelken, 4 Glas (je 2 cl) Rum (54 Vol%)

Die geschälten Bananen der Länge nach halbieren und mit etwas Zitronensaft beträufeln. Die Butter in einer großen Pfanne schmelzen, Zucker und Vanillezucker hineingeben und so lange rühren, bis er sich gelöst hat. Dann den Honig und die gemahlenen Nelken dazugeben und alles bei milder Hitze zu einem dicken Sirup kochen. Die Bananen auf einer Platte anrichten, mit dem heißen Sirup übergießen. Den Rum in einer Kelle erwärmen und anzünden. Brennend über die Bananen gießen und sofort servieren – oder erst bei Tisch flambieren.
Pro Person: 371 Kalorien/1553 Joule

Japan

Kenner bezeichnen die Küche Japans als die raffinierteste und subtilste der Welt: Raffiniert, weil aus relativ wenigen und einfachen Grundnahrungsmitteln eine Unzahl von Gerichten in den verschiedensten Zubereitungsarten hergestellt werden; subtil, weil trotz oder gerade wegen ungewöhnlichen Würzens dem Gaumen ganz besondere Genüsse geboten werden und weil einfache, aber geschmackvolle Garnierungen auch dem Auge Freude bereiten. Fleisch ist in der japanischen Küche selten. Das Hauptgewicht liegt auf Fisch und Meerestieren. Dennoch repräsentiert gerade ein Fleischgericht für die meisten Europäer die japanische Kochkunst, nämlich »Sukiyaki«, was soviel bedeutet wie »auf dem blanken Pflug gebraten«. Es ist ein modernes Grillgericht, das in Japan kaum länger als 100 Jahre bekannt ist, denn vorher kannte man Rindfleisch in dem Inselstaat gar nicht. Heute werden Qualitätsrinder auf speziellen Zuchtfarmen gehalten, die ein hervorragendes Fleisch liefern.

Sukiyaki

800 g Rindfleisch von der Hochrippe, 250 g Glasnudeln, 60 g Rindernierenfett, 450 g Bambussprossen aus der Dose, 4 dünne Stangen Lauch, 2 Zwiebeln, 200 g frische Champignons, 250 g Spinat, 200 g Brunnenkresse, 200 g Sojabohnenquark aus der Dose, 1/8 l japanische Sojasauce, 50 g Zucker, 1/8 l Reiswein (ersatzweise halbtrockener Sherry), 4 Eidotter

Das Rindfleisch abspülen, trockentupfen und 30 Minuten ins Gefrierfach legen. Die Glasnudeln in einer Schüssel mit kochendem Wasser übergießen und 10 Minuten ziehen lassen. Dann abtropfen lassen und in ein Extraschälchen füllen. Das Fett in 8 Würfel schneiden. Die Bambussprossen abtropfen lassen und in hauchdünne Scheiben schneiden. Den geputzten, gewaschenen und abgetropften Lauch in etwa 4 cm lange Stücke schneiden. Die geschälten Zwiebeln halbieren und in hauchdünne Scheiben schneiden. Die Champignons putzen, abspülen, abtropfen lassen und in etwa 5 mm dicke Scheiben schneiden. Den verlesenen Spinat waschen und abtropfen lassen, mit der von ihren Wurzeln befreiten Brunnenkresse ebenso verfahren. Den Sojabohnenquark in kleine Würfel schneiden. Die Sojasauce mit dem Zucker so lange erwärmen, bis sich der Zucker gelöst hat, dann mit dem Reiswein oder dem Sherry vermischt in vier kleine Schälchen verteilen. Die Eidotter in vier weitere Schälchen geben. Das Fleisch mit einem ganz scharfen Messer oder der Brotschneidemaschine in hauchdünne Scheiben schneiden. Blütenartig auf einer großen flachen Platte anrichten. Das Rindernierenfett in die Mitte legen. Das vorbe-

reitete Gemüse auf einer zweiten Platte anrichten. Einen Tischgrill oder einen Rechaud mitten auf den Tisch stellen und eine Pfanne darauf heiß werden lassen. Dann rasch ein Fettstück erhitzen, 2 Fleischscheiben kurz anbraten und beiseite stellen. Mit etwas Sauce beträufeln. Dann etwas Gemüse und einige Glasnudeln unter ständigem Rühren mit den Eßstäbchen etwa 3 Minuten braten. Der erste Esser nimmt das Fleisch auf seinen Teller und nimmt das Gemüse aus der Pfanne, zieht es kurz durch das verquirlte Eigelb und würzt nach Belieben mit der Sauce. Jeder kann auf diese Weise sein Gericht beliebig zusammenstellen und auch allein zubereiten.
Pro Person: 1124 Kalorien/4706 Joule
Serviervorschlag: Dazu gibt es als sättigende Beilage gekochten Reis (die Japaner lieben ihn nicht zu körnig). Das passende Getränk ist warmer Reiswein, aber grüner, ungesüßter Tee oder chinesischer Jasmintee schmecken ebenfalls.
Variation: Bei der Wahl der Gemüse können Sie Ihrem Geschmack freien Lauf lassen. Zu dem gebratenen Fleisch schmecken außer den oben genannten Gemüsen noch Sojabohnenkeimlinge, Chinakohl oder Weißkohl, Möhren und in Scheiben geschnittene Teltower Rübchen.

Jugoslawien

Jugoslawien, ein Vielvölkerstaat, hat viele Gesichter, und dies gilt auch für die Küche dieses Staates. Und doch gibt es so etwas wie ein panjugoslawisches Menü, das man durchaus als Festtagsessen servieren kann. Ein solches Schlemmermahl ist hier zusammengestellt.

Kissela Tschorva (Serbische Fischsuppe)

500 g Lachs, Salz, 2 Zwiebeln, 1 grüne und 1 rote Paprikaschote, 3 El Olivenöl, 1 Knoblauchzehe, 1 l Wasser, 1/2 l herber Weißwein, 2 Eidotter, 5 El Sahne, Paprika edelsüß

Den küchenfertigen Lachs von der Gräte lösen und enthäuten, dann in dünne Scheiben schneiden, reichlich mit Salz einreiben und 30 Minuten ziehen lassen. Die geschälten Zwiebeln hacken, die geputzten, gewaschenen und abgetropften Paprikaschoten würfeln. Das Oliven-

öl in einem großen Topf erhitzen. Zwiebeln und Paprikaschoten darin unter Rühren 2 Minuten anrösten, dann die geschälte, gehackte Knoblauchzehe dazugeben und noch etwa 1 Minute mitbraten. Mit Wasser und Wein auffüllen und diesen Sud 15 Minuten lang zugedeckt kochen lassen. Die Fischscheiben mit Haushaltspapier abtupfen und in den nicht mehr sprudelnd kochenden Sud einlegen. 10 Minuten bei schwacher Hitze mehr ziehen als kochen lassen. Die Fischstücke mit einem Schaumlöffel aus dem Sud nehmen. Den Sud durch ein Sieb streichen und wieder fast bis zum Kochen erhitzen. Die Eidotter mit der Sahne verquirlen und in den Sud rühren. Mit Salz und Paprika pikant würzen. In eine vorgewärmte Terrine füllen und die Fleischstücke einlegen.
Pro Person: 431 Kalorien/1804 Joule
Serviervorschlag: Mit Zitronen- oder Limonenachteln reichen.

Aiwar (Serbischer Paprikasalat)

500 g rote Paprikaschoten, 2 Knoblauchzehen, etwa 6 El Olivenöl, Salz, Essig, 1 Zwiebel

Die gewaschenen und geputzten Paprikaschoten in den auf 250 Grad (Gasherd Stufe 6) vorgeheizten Backofen legen und etwa 20 Minuten rösten lassen, bis die Haut trocken und schrumplig wird. Die Schoten unter kaltem Wasser abschrecken und die Haut abziehen. Das Fruchtfleisch abkühlen lassen, dann im Mixer ganz fein pürieren. Die Knoblauchzehe schälen und ganz fein hacken oder zerdrücken. Zu dem Paprikamus geben. In das Mus so viel Olivenöl tropfenweise einrühren, wie es aufnimmt. Mit Salz und Essig nach Geschmack abschmecken. In eine Schüssel füllen und mit gehackter Zwiebel bestreuen.
Pro Person: 179 Kalorien/749 Joule
Serviervorschlag: Dazu frisches Weißbrot reichen. Das passende Getränk ist jugoslawischer Rotwein.
Variation: Dem oben genannten Rezept können Sie noch 50 g geriebenen Meerrettich hinzufügen, damit der Salat eine gewisse Schärfe bekommt.
Sie können nach dem gleichen Rezept einen Auberginensalat herstellen. Bevor die Auberginen püriert werden, müssen sie sehr gut ausgedrückt werden, dann nehmen sie das Öl besser auf. Geben Sie aber 3 Knoblauchzehen an diesen Salat.

Potwarak (Ente mit Sauerkraut)

1 tiefgekühlte Frühmastente (2000 g), Salz, frisch gemahlener Pfeffer, 3 Knoblauchzehen, 5 El Öl, 1/4 l Wasser, 3 Zwiebeln, 800 g Sauerkraut, 10 Pfefferkörner

Die Ente nach Vorschrift auftauen lassen, innen und außen unter kaltem Wasser abspülen, mit Haushaltspapier trocknen und innen mit Salz und Pfeffer einreiben. 2 geschälte Knoblauchzehen in die Ente stecken. Die dritte Knoblauchzehe schälen und ganz fein hacken oder durch die Knoblauchpresse drücken. Mit Salz und Pfeffer vermischen und die Ente außen damit einreiben. 3 El Öl in einem großen Bräter erhitzen und die Ente darin rundherum 5 Minuten anbraten. Dann das Wasser zugießen und die Ente zugedeckt 45 Minuten schmoren lassen. Dabei hin und wieder mit Bratfond übergießen. Die Ente aus dem Topf nehmen und den Bratfond abgießen. Das restliche Öl in dem Bräter erhitzen und die geschälten, in dünne Ringe geschnittenen Zwiebeln darin goldgelb anbraten. Das Sauerkraut stark auspressen und zu den Zwiebeln geben, den Saft aufbewahren. Das Kraut mit den Pfefferkörnern und den Zwiebeln vermischen und unter Rühren etwa 10 Minuten andünsten. Dann mit Bratfond würzen. Die in 4 Teile tranchierte Ente auf das Kraut legen, mit dem Sauerkrautsaft begießen und alles zugedeckt 45 Minuten schmoren lassen. Das Kraut auf einer Platte anrichten, mit den Entenstücken belegen.
Pro Person: 1150/4813 Joule
Serviervorschlag: Das Kraut mit grünen oder blauen Weintrauben garnieren. Als Beilage Klöße aus gekochten Kartoffeln oder Polenta servieren. Das passende Getränk ist ein lieblicher Rotwein.

Polenta (Maisgrieß)

1/2 l Wasser, 1 Tl Salz, 260 g feiner Maisgrieß, 40 g Butter

Das Wasser mit dem Salz aufkochen lassen. Den Maisgrieß in einem dünnen Strahl in das Wasser einrühren, das dabei ständig weiterkochen soll. Die Hitze herunterschalten und alles noch etwa 5 Minuten weiterrühren. Die Polenta dann zugedeckt 15 Minuten ausquellen lassen. Den Brei auf eine vorgewärmte Platte häufen, die Butter leicht bräunen und über die Polenta gießen, sofort servieren.
Pro Person: 312 Kalorien/1306 Joule
Serviervorschlag: Mit Eiern, Oliven oder Kräutern garnieren.

Schafskäse auf dalmatinische Art

250 g fester weißer jugoslawischer Schafskäse (ersatzweise 2 kleine französische Ziegenkäse von je 125 g), 2 Knoblauchzehen, je 1 El Basilikum und Salbeiblätter, Olivenöl

Den Käse in etwa 1 cm dicke Scheiben schneiden. Die Knoblauchzehen schälen und ganz fein hacken. Ein kleines, enges Tontöpfchen mit etwas Knoblauch und einigen Kräutern auslegen, darauf die Käsescheiben schichten. Jede Scheibe mit Knoblauch und Kräutern bestreuen. Dann so viel Olivenöl über den Käse gießen, daß er gerade bedeckt ist. Den Käse zugedeckt mindestens 4 Tage im Keller (nicht im Kühlschrank) oder an einem anderen kühlen Ort durchziehen lassen. Abtropfen lassen und servieren.
Pro Person: 303 Kalorien/1268 Joule
Serviervorschlag: Den Käse auf frischen Weinblättern anrichten. Dazu gehackte Zwiebeln, grüne Oliven, Tomatenachtel und Weißbrot reichen. Als Getränk wiederum Rotwein reichen. Dieser Käse kann auch zusammen mit Aiwar als Vorspeise gereicht werden.

Pitta (Gefüllter Strudelteig)
(Für 8 Personen)

300 g Mehl, 1 Prise Salz, 1 kleines Ei, 1 Tl Essig, knapp 1/8 l lauwarmes Wasser, 8 El Olivenöl, 200 g Rosinen, 1 Glas (2 cl) Rum, 200 g gemahlene Haselnüsse, 200 g gemahlene Mandeln, 200 g Zucker, 1 Vanilleschote, Mehl zum Ausrollen, 250 g dunkler Honig, 1/8 l Wasser

Das Mehl in eine Schüssel geben und in die Mitte eine Vertiefung drücken. Salz, Ei und Essig hineingeben und mit etwas Mehl leicht verrühren. Dann langsam das Wasser in einem dünnen Strahl hineinlaufen lassen und dabei gut verrühren. Den Teig 10 Minuten mit dem Knethaken des Handrührgeräts kneten. Dabei tropfenweise 1 El Öl unterkneten (mit der Hand dauert die Teigherstellung etwa 25 Minuten). Den Teig zu einem Kloß formen, auf ein Brett legen und dünn mit Öl bestreichen. Eine mit kochendem Wasser ausgespülte Schüssel über den Teig stülpen und den Teig 30 Minuten ruhen lassen. In der Zwischenzeit die Füllung zubereiten. Die Rosinen unter heißem Wasser kurz abspülen, in einem Küchentuch trockenreiben, mit Rum begossen 10 Minuten quellen lassen. Haselnüsse und Mandeln mit

Zucker, dem ausgeschabten Vanillemark und den eingeweichten Rosinen samt Flüssigkeit vermischen. Ein Küchentuch hauchdünn mit Mehl bestäuben, den Teig darauf so dünn wie möglich ausrollen, dann vorsichtig über dem Handrücken hauchdünn ausziehen. Den Honig mit dem Wasser unter Rühren mischen, bis ein glatter Sirup entsteht. Den Teig in 12 gleich große Rechtecke schneiden. Ein Backblech dünn mit Öl bestreichen und 3 Teigplatten auf das Blech legen. Jede Platte dünn einölen. Ein Drittel der Füllung auf die Teigplatten streichen und 3 El Sirup darübergießen. Wieder leicht geölte Teigplatten, Füllung, Sirup, bis alle Teigplatten und die Füllung verbraucht sind. Das Blech in den auf 200 Grad (Gasherd Stufe 3) vorgeheizten Ofen schieben und den Strudel 45 Minuten backen. Mit dem restlichen Sirup begießen und noch 10 Minuten im abgeschalteten Ofen ruhen lassen. Die Pitta mindestens 24 Stunden bei Zimmertemperatur trocknen lassen, dabei immer wieder mit dem heruntergelaufenen Honig begießen. Die Pitta in 16 rechteckige Stücke teilen.
Pro Person: 847 Kalorien/3545 Joule
Serviervorschlag: Türkischen Kaffee und Mineralwasser ohne Kohlensäure dazu reichen.
Tip: Wenn Ihnen die Strudelteigherstellung zu mühsam ist, nehmen Sie 3 Pakete tiefgekühlten Strudelteig. 1 Paket enthält 2 Teigblätter, die halbiert werden können.

Turska kafa (Türkischer Kaffee)

Pro Person: 1½ Tassen Wasser (entweder die speziellen Kaffeeschalen für Türkischen Kaffee oder Mokkatäßchen), 1 Tl Zucker, 1 Tl sehr fein gemahlenen Kaffee (am besten in einer Mokkamühle frisch mahlen)

Zucker und Wasser werden in einem kleinen Töpfchen aus Kupfer oder Messing (die Spezialkanne heißt Dzezva und hat einen hochstellbaren Griff, damit er beim Kochen kalt bleibt) aufgekocht, damit sich der Zucker lösen kann. Dann gießt man etwa ⅓ des Wassers ab und rührt das Kaffeepulver in das verbleibende Wasser. Diese Mischung wird einmal aufgekocht. Dann nimmt man das Töpfchen vom Herd, gibt das zuvor abgegossene Wasser wieder hinein und läßt alles noch etwa 1 Minute ziehen. Der Kaffee wird in die Täßchen gegossen und glutheiß getrunken. Weil Kuchen und Kaffee sehr süß sind, gibt es das oben erwähnte Mineralwasser zum Ausgleich.

Marokko

Die Marokkaner, ob arm oder reich, lieben es, bei einem Fest ihre Gäste zu verwöhnen. Sie laden Freunde allerdings selten in ihre Wohnung ein, sondern meistens in ein Restaurant. Europäer fühlen sich in einem vornehmen marokkanischen Restaurant angesichts der kulinarischen Pracht in die versunkene Welt von 1001 Nacht versetzt. Das nachfolgende Menü soll eine kleine Kostprobe aus der marokkanischen Küche geben. Es wird mit einem leichten Fischgericht eingeleitet. Höhepunkte des Mahls sind die scharf gewürzte Poularde und die pikanten Lammspieße. Der anschließend gereichte frische Salat eignet sich vortrefflich zur Überleitung von den scharfen zu den süßen Speisen. Die letzteren bestehen in der marokkanischen Küche zumeist aus vielerlei Konfekt und süßem Gebäck.

Espada B'noua (Gebackene Fischsteaks)

Das Originalrezept sieht hier Schwertfischsteaks vor, die bei uns nicht erhältlich sind. Thunfischsteaks sind mindestens ebenso schmackhaft und in guten Fischgeschäften oder beim Delikatessen-Fachversand erhältlich.

4 tiefgekühlte Thunfischsteaks (je 200 g), Salz, 80 g Butter, 100 g gehackte Mandeln, frisch gemahlener schwarzer Pfeffer, 1/8 l frisch gepreßter Zitronensaft

Die Thunfischsteaks halb auftauen lassen, mit Salz bestreuen und nochmals 10 Minuten ziehen lassen. Die Hälfte der Butter in einer Pfanne erhitzen und die Mandeln darin unter Rühren leicht bräunen lassen. Etwa die Hälfte der Mandeln aus der Pfanne nehmen, dabei das Fett abtropfen lassen. Die übrigen Mandeln mit der Butter in einen großen flachen Bräter geben und die Thunfischfilets nebeneinander darauflegen. Die restliche Butter in Flöckchen auf dem Fisch verteilen und mit den Mandeln bestreuen. Den Zitronensaft darübergießen und alles bei starker Hitze einmal aufkochen. Dann die Hitze sofort reduzieren, den Bräter zudecken und den Fisch 10 Minuten schmoren lassen.
Die Fischsteaks auf einer vorgewärmten Platte anrichten und mit den Mandeln bedecken.
Pro Person: 617 Kalorien/2582 Joule

Serviervorschlag: Zu dem Fisch kann man Weißbrot oder Reis – oder nach europäischer Sitte – Petersilienkartoffeln reichen. Der Fisch ist so saftig, daß kein Getränk notwendig ist.

Djeja m'qalia (Poularde mit Petersilie)

1 tiefgekühlte Poularde (1200 g), 3 Bund glatte Petersilie, 3 Knoblauchzehen, 1 Tl Chilipulver oder Cayennepfeffer, 1/2 Tl gemahlener Kümmel, 1 Messerspitze gemahlener Anis, 4 El gehackte Minze, 1/2 Tl Safran, 1 Tl Wasser, 1 Tl Salz, 2 El Olivenöl, 5 Zwiebeln, 1/4 l Wasser

Die Poularde über Nacht im Kühlschrank auftauen lassen. Die Petersilie abspülen, trockenschwenken und ganz fein hacken, noch besser im Mixer pürieren. Die geschälten Knoblauchzehen durch die Knoblauchpresse drücken oder mit der Petersilie im Mixer zerkleinern. Beides mit Chilipulver oder Cayennepfeffer, Kümmel, Anis und Minze verrühren. Den Safran im Wasser auflösen und zusammen mit dem Salz zu den anderen Gewürzen geben. Tropfenweise das Öl unterrühren, so daß eine dicke, aber streichfähige Paste entsteht. Ist die Paste zu dick, gibt man noch etwas Öl hinzu. Die Poularde innen und außen gründlich unter kaltem Wasser abspülen und mit Haushaltspapier trockentupfen. Innen ganz dünn mit der Paste einstreichen. Die Unterseite der Poularde etwas dicker mit Paste bestreichen und die Poularde in einen Bräter legen. Die geschälten, gehackten Zwiebeln rundum streuen. Die restliche Paste auf die Brust und die Schenkel der Poularde streichen. Das Wasser vorsichtig auf die Zwiebeln gießen. Den Bräter verschlossen in den auf 200 Grad (Gasherd Stufe 3) vorgeheizten Backofen stellen und die Poularde 55 Minuten schmoren lassen. Die Poularde aus dem Bräter nehmen und alle Bratrückstände vorsichtig abschaben und in den Bräter geben. Die Poularde noch 5 Minuten in dem vorgeheizten Grill überkrusten, dabei einmal wenden. Den Bratfond durch ein Sieb streichen. Die Poularde auf einer vorgewärmten Platte anrichten, die Sauce getrennt reichen.
Pro Person: 392 Kalorien/1640 Joule
Serviervorschlag: Zu der Poularde kann man frisches Brot reichen, mit dem man die Sauce auftunkt. Dem Marokkaner ist Wein verboten. Wenn Sie dennoch Wein zu der Poularde reichen möchten, müssen Sie eine sehr kräftige Sorte wählen (z. B. Elsässer Edelzwicker oder ein Gewürztraminer), weil das Gericht sehr scharf ist.

Qodban (Gebeizte Lammspieße)

1 Bund glatte Petersilie, 4 Knoblauchzehen, 8 El Olivenöl, 4 El Zitronensaft, 1 Tl Salz, 1 Tl Ingwerpulver, 1 Tl Kurkuma, 1 Messerspitze gemahlener Kümmel, 1 Messerspitze gemahlene Nelken, 750 g Lammkeule (ohne Knochen), 250 g Rindertalg, abgeriebene Schale von 1 Zitrone, 1 Tl getrockneter Thymian

Petersilie abspülen, trockenschwenken und fein hacken. Die geschälten Knoblauchzehen fein hacken oder durch die Knoblauchpresse drücken. Das Olivenöl mit dem Zitronensaft verrühren, Petersilie, Knoblauch, Salz, Ingwerpulver, Kurkuma, Kümmel und Nelken hineingeben. Von dem Lammfleisch das Fett abschneiden und beiseite stellen. Das Fleisch in etwa 3 cm große Würfel schneiden und mindestens 6 Stunden in der Beize durchziehen lassen. Die abgetropften Würfel abwechselnd mit dem ebenfalls gewürfelten Rindertalg auf Spieße stecken und unter Elektrogrill 12 bis 15 Minuten grillen, dabei ständig wenden und hin und wieder mit der Beize bestreichen. Das Lammfleisch und den Talg von den Spießen streifen, dabei die Talgstücke entfernen. Die Fleischwürfel in einer vorgewärmten Platte anrichten und mit Zitronenschale und Thymian bestreuen. Wer dazu Sauce reichen möchte, gießt die Beize durch ein Sieb, erwärmt sie leicht und serviert sie in einer Extraschale.
Pro Person: 2301 Kalorien/9631 Joule
Serviervorschlag: Dazu frisches Weißbrot oder Reis und Tomatensalat mit frischem Zwiebelgrün bestreut reichen. Man kann beim Essen sowohl die Fleischwürfel als auch Brotstücke in die erwärmte Beize tunken.
Tip: Die Spieße schmecken besonders gut, wenn sie über einem Holzkohlenfeuer gebraten werden.

Shlada dyal fejjel ou lichine (Radieschen-Orangen-Salat)

4 Orangen, 2 Bund Radieschen, 6 El Zitronensaft, 2 Tl Zucker, 1 kräftige Prise Salz, 2 El Öl

Die Orangen schälen und in Stücke teilen. Von jedem Orangenstück die dünne weiße Haut abziehen. Die Radieschen von ihrem Blattwerk befreien – einige ganz zarte Blätter zurückbehalten. Die Radieschen gründlich waschen, abtrocknen und in Scheiben schneiden. Mit den Orangenstücken mischen. Den Zitronensaft mit Zucker und Salz

verrühren und über den Salat gießen. Das Öl darüberträufeln und den Salat 30 Minuten in den Kühlschrank stellen. Erst unmittelbar vor dem Servieren durchmischen und eventuell nachwürzen. Mit den gewaschenen und trockengeschwenkten Radieschenblättern garnieren.
Pro Person: 148 Kalorien/619 Joule
Serviervorschlag: Dieser Salat wird ohne Beilagen als Zwischengericht zwischen Scharfem und Süßem gegessen. Er kann aber auch zu den Lammspießchen gereicht werden, dann ist der Tomatensalat nicht notwendig.

Dessertkonfekt

Zum Abschluß servieren Sie eine Mischung aus in Butter gerösteten Mandeln, Rosinen und frischen (oder getrockneten) Datteln. Dazu schmeckt ungesüßter Tee am besten. Der Marokkaner liebt auch zu Süßspeisen einen sehr stark gesüßten, mit Minze gewürzten Tee, der dem europäischen Gaumen aber nicht unbedingt zusagt. Sie können aber auch die Apfelbeignets (Rezept s. S. 77) auf nordafrikanische Art abwandeln, indem Sie die frisch gebackenen Beignets in einen dünnen Honigsirup (Honig und Wasser 1 zu 1 mischen und unter Rühren kurz aufkochen) tauchen und nach Belieben mit Schlagsahne füllen (Abb. S. 104 unten).

Niederlande

Die Küche Hollands hat sich wie in fast allen Ländern mit ausgeprägt landwirtschaftlichen oder auch meerwirtschaftlichem Charakter an dem orientiert, was eben Land und Wasser hergaben. Und holländische Köche und Hausfrauen verstehen es meisterlich, aus diesen frischen, unverfälschten Zutaten eben auch unverfälschte Gerichte herzustellen.
Ein Beispiel für die holländische Küche ist der Salm aus dem Ofen, ein Gericht, dessen Raffinement in der sparsamen Verwendung ausgesuchter Zutaten besteht. Der Eigengeschmack des Fisches kommt durch die Zubereitungsart besonders zur Geltung. Einfach und doch bis ins letzte Detail durchdacht ist auch das Kaninchengericht.

Versche Zalm uit de Oven (Frischer Salm aus dem Ofen)

4 Scheiben frischer Salm (Lachs; je 175 g), Zitronensaft, Salz, 4 dünne Scheiben Frühstücksspeck, 60 g Butter, Mehl zum Bestäuben, 1 El gehackten Dill oder 1 Tl getrocknete Dillspitzen, 75 g geriebenen Gouda-Käse, 4 El Semmelbrösel, 75 g gemahlene Mandeln, geriebene Muskatnuß, frisch gemahlenen Pfeffer

Die Lachsscheiben mit Haushaltspapier trockentupfen, dann mit Zitronensaft beträufelt und gesalzen etwa 20 Minuten ziehen lassen. Den Frühstücksspeck in einer Pfanne bei nicht zu starker Hitze leicht bräunen. Eine große feuerfeste Form mit reichlich Butter einfetten und die mit Mehl bestäubten Lachsscheiben nebeneinander hineinlegen. Dill, Käse, Semmelbrösel und Mandeln miteinander mischen und auf die Fischscheiben streuen. Nach Belieben mit Muskatnuß und Pfeffer würzen. Die restliche Butter in Flöckchen über den Fisch verteilen und die Form in den auf 250 Grad (Gasherd Stufe 6) vorgeheizten Backofen stellen. Den Fisch etwa 10 Minuten backen lassen, bis die Käsemischung goldbraun ist. Dann sofort in der Form servieren.

Pro Person: 577 Kalorien/2415 Joule

Serviervorschlag: Vor dem Fischgang einen gut gekühlten Genever oder eiskalten Aquavit trinken oder zu dem Fisch einen leichten Rheinwein reichen. Als Beilagen grünen Salat und warmes Stangenweißbrot servieren.

Konijn hollandsch (Holländisches Kaninchen)

1 küchenfertiges Kaninchen (1800 bis 2000 g), Salz, weißer Pfeffer, 25 g Schweineschmalz, 1 Zwiebel, 2 Schalotten, 150 g durchwachsener Speck, 150 g Pfifferlinge, 300 g feste Tomaten, 4 mittelgroße Kartoffeln, 1 Kräuterstrauß, je 1/4 l heiße Fleischbrühe und herber Weißwein, 750 g Kartoffeln, 1 Bund Petersilie

Das gehäutete Kaninchen in Portionsstücke teilen, kurz unter fließendem Wasser abspülen, trockentupfen und mit Salz und Pfeffer einreiben. Schweineschmalz in einem großen Bräter erhitzen und das Kaninchen darin rundherum hellbraun anbraten. Die Zwiebel und die Schalotten schälen und fein hacken. Den Speck würfeln. Alles zu dem Kaninchen geben und kurz mitbraten lassen. Den Bräter dann vom Herd nehmen. Die gewaschenen Pfifferlinge abtropfen lassen und

eventuell halbieren oder vierteln. Die abgezogenen Tomaten würfeln, die geschälten Kartoffeln in hauchdünne Scheiben schneiden (sie dienen zum Binden des Gerichts). Mit dem abgespülten und trockengeschwenkten Kräuterstrauß in den Bräter füllen. Alles mit Fleischbrühe und Weißwein begießen. Den Bräter schließen und in den auf 220 Grad (Gasherd Stufe 4) vorgeheizten Backofen stellen. Die restlichen Kartoffeln schälen und grob würfeln. Nach 30 Minuten Bratzeit zu dem Kaninchen geben. Dann alles weitere 30 Minuten schmoren lassen. Den Kräuterstrauß entfernen. Das Kaninchen auf einer Platte anrichten und mit den Kartoffeln umlegen. Die Kartoffeln mit der gehackten Petersilie bestreuen.
Pro Person: 1189 Kalorien/4977 Joule
Serviervorschlag: Das Kaninchen mit Tomatenachteln und eventuell Zitronenscheiben garnieren. Dazu in Butter gedünstete Zuckerschoten und einen leichten Rosé servieren.

Appelbeignets (Apfelbeignets)

150 g Mehl, 3/8 l helles Bier mit Zimmertemperatur, 1 Prise Salz, 1 Tl Vanillezucker, 1 Eigelb, 1 Eiweiß, 4 säuerliche Äpfel, Pflanzenfett zum Fritieren, 100 g Zucker, 2 Tl Zimt

Das Mehl mit dem Bier glattrühren, Salz, Vanillezucker und das Eigelb hinzufügen und den Teig mindestens 30 Minuten bei Zimmertemperatur ruhen lassen. Dann erst das steif geschlagene Eiweiß unterziehen. Die Äpfel schälen und entkernen, dann in etwa 1 cm dicke Ringe schneiden. Das Fett in einem Fritiertopf auf 180 Grad erhitzen. Immer 2 bis 3 Apfelringe auf einmal in den Teig tauchen, dann im Fett schwimmend auf jeder Seite 5 Minuten ausbacken. Auf Haushaltspapier abfetten lassen, in der Zucker-Zimt-Mischung wenden und heiß servieren.
Pro Person: 427 Kalorien/1787 Joule
Serviervorschlag: Heiße Vanillesauce oder mit etwas Vanille parfümierte halbsteife Sahne dazu reichen.
Tip: Sollen die Apfelbeignets warm gehalten werden, legt man sie am besten auf ein mit Pergamentpapier bedecktes Backblech und schiebt sie in den auf 75 Grad vorgeheizten Backofen.

Norwegen

So rauh wie das Klima Norwegens, so deftig und herzhaft ist auch seine Küche. Das Geheimnis der norwegischen Kochkunst liegt in der Unverfälschtheit und Frische der Gerichte: Hier schmecken Krabben noch nach Krabben und eine Spinatsuppe nach Spinat.

Krabben auf norwegische Art

400 g ausgelöste frische Krabben oder Scampi, 40 g Butter, Salz, frisch gemahlener schwarzer Pfeffer, 2 Glas (4 cl) trockenen Sherry, 1/8 l dicke saure Sahne (20% Fettgehalt), 1 El fein gehackten Dill, eventuell 1 kleine Dose Trüffeln (25 g)

Die Krabben oder Scampi in einem Sieb kurz unter kaltem Wasser abspülen und gut abtropfen lassen. Dann auf Haushaltspapier legen. Die Butter in einer großen Pfanne erhitzen. Die Krabben oder Scampi hineingeben und unter Rühren 3 Minuten leicht anbraten. Mit Salz und Pfeffer würzen und mit dem Sherry ablöschen. Dann zugedeckt 5 Minuten bei milder Hitze schmoren lassen. Die saure Sahne unterrühren und erwärmen, aber nicht aufkochen lassen. Die Krabben oder Scampi in einer vorgewärmten Schüssel anrichten, mit Dill bestreuen und mit hauchdünnen Trüffelscheiben garnieren.
Pro Person: 243 Kalorien/1017 Joule
Serviervorschlag: Geröstete Stangenweißbrotscheiben oder hauchdünne Fladenbrote und einen gut gekühlten Aquavit oder Sekt zu dem Krabbengericht servieren.

Spinatsuppe

500 g frischen Spinat, 50 g Butter, 1 kleine Zwiebel, 1 1/4 l Hühnerbouillon, Salz, frisch gemahlener schwarzer Pfeffer, geriebene Muskatnuß, 100 g saure Sahne, 2 hartgekochte Eier

Den Spinat verlesen und gründlich waschen, dann abtropfen lassen und fein hacken. Die Butter in einem Topf erhitzen und die geschälte, gehackte Zwiebel darin goldgelb anbraten. Dann etwa 3/4 des gehackten Spinats dazugeben und unter Rühren kurz andünsten. Mit der heißen Hühnerbouillon auffüllen. Die Suppe aufkochen und zugedeckt 15 Minuten sanft köcheln lassen. Mit Salz, Pfeffer und Mus-

katnuß abschmecken. Erst unmittelbar vor dem Servieren die Sahne in die Suppe rühren. Die geschälten Eier in Scheiben schneiden. Die Suppe mit dem restlichen Spinat bestreuen und mit den Eischeiben belegen.
Pro Person: 215 Kalorien/899 Joule

Rehbraten mit Käsesauce

1000 g Rehkeule (ohne Knochen), Salz, schwarzer Pfeffer, 50 g in hauchdünne Scheiben geschnittener fetter Speck, 3/8 l Fleischbrühe, 50 g weißer Ziegenkäse (am besten ein norwegischer, ersatzweise ein französischer, der nicht zu streng schmeckt), 2 El Johannisbeergelee oder Preiselbeergelee, 1/8 l saure Sahne

Die Rehkeule häuten, abspülen und mit Haushaltspapier trockentupfen. Mit wenig Salz (der Speck gibt noch Salz ab) und reichlich Pfeffer einreiben. Dann die Speckscheiben mit Rouladengarn um den Braten wickeln. Den Braten auf dem Rost über die Fettpfanne in den auf 250 Grad (Gasherd Stufe 6) vorgeheizten Backofen schieben und 20 Minuten kräftig anbraten. Die Temperatur dann auf 200 Grad (Stufe 3) hinunterschalten. Die Fleischbrühe in die Fettpfanne gießen und die Keule noch 1 Stunde braten. Dabei alle 10 bis 15 Minuten mit Bratfond begießen. Den Braten dann mit Alufolie bedeckt in dem abgeschalteten Ofen ruhen lassen, bis die Sauce zubereitet ist. Dazu den Bratfond abgießen und das Fett abschöpfen. Den Fond auf etwa 1/4 l einkochen lassen. Den in Scheiben geschnittenen Käse hineingeben und so lange rühren, bis er geschmolzen ist. Jetzt das Gelee und die saure Sahne in die Sauce rühren. Die Sauce erwärmen, aber nicht aufkochen lassen. Den Speck von dem Braten entfernen und den Braten aufgeschnitten auf einer vorgewärmten Platte anrichten. Mit etwas Sauce begießen, die restliche Sauce getrennt reichen.
Pro Person: 491 Kalorien/2055 Joule
Serviervorschlag: Um den Braten ausgehöhlte, mit Johannisbeer- oder Preiselbeergelee gefüllte Orangenhälften setzen. Als Beilagen gebratene Pfifferlinge und Kartoffelpüree reichen. Das passende Getränk ist ein nicht zu schwerer französischer Rotwein.
Variation: Auf die gleiche Weise wird in Norwegen Rentierbraten zubereitet. Hin und wieder wird dieses delikate Fleisch auch bei uns angeboten, aber tiefgekühlt. Es muß vor der Zubereitung ganz aufgetaut werden und braucht etwa 10 Minuten weniger Bratzeit.

Rhabarber-Erdbeer-Grütze

400 g Rhabarber, 250 g Zucker, 250 g Erdbeeren, 1/2 Vanilleschote, 50 g Speisestärke, 1/4 l Sahne, 2 El Puderzucker

Den Rhabarber abziehen, waschen, abtropfen lassen und in etwa 1 cm dicke Stücke schneiden. Mit etwa 2/3 des Zuckers bestreuen und etwa 30 Minuten ziehen lassen. Die gewaschenen und abgetropften Erdbeeren von ihren Stielen befreien, halbieren und mit dem restlichen Zucker vermischen. Auch ziehen lassen. Rhabarber und Erdbeeren in einem Topf unter Rühren zum Kochen bringen, dann bei milder Hitze zugedeckt 30 Minuten sanft köcheln lassen. Dabei etwas ausgedrücktes Vanillemark und die aufgeschnittene Vanilleschote, die später weggeworfen wird, mitkochen. Die Speisestärke mit etwas Wasser glattrühren und in die Grütze rühren. Die Grütze noch einmal aufkochen lassen, dann in eine kalt ausgespülte Schüssel füllen, zuerst im Wasserbad, dann im Kühlschrank erkalten lassen. Inzwischen die Sahne steif schlagen, dabei nach und nach den Puderzucker und das restliche Vanillemark unterrühren. Die Sahne als dicke Haube auf die Grütze spritzen.
Pro Person: 539 Kalorien/2256 Joule
Serviervorschlag: Vor der Grütze ein Glas Sekt, zu der Grütze Kleingebäck servieren.

Österreich

Das, was man außerhalb der Landesgrenzen als österreichische Küche bezeichnet, ist wohl in erster Linie die Wiener Küche. Die typische österreichische Küche ist eine Landschaftsküche mit ganz speziellen Leckereien und Zubereitungsarten in jedem Bundesland. Wir stellen Ihnen hier ein Tiroler Hochzeitsessen vor, weil es eine sehr geglückte Mischung zwischen einfacher bäuerlicher Kost und besonderen Delikatessen darstellt. Die Menge jedes einzelnen Rezepts ist für 6 Personen berechnet, da es sich aber um eine Reihe von Gerichten handelt, können Sie dieses Menü 12 bis 15 Personen vorsetzen.
Bei einer Hochzeitsfeier pflegt man sich nach dem Mittagessen meist noch nicht zu trennen. Und so folgt nach dem Festessen, das hier aus Suppe, zwei Hauptgerichten und zwei Nachspeisen besteht, am Abend noch einmal ein kräftiges Mahl. Den Anfang bilden meist ge-

bratene Schnitzel mit verschiedenen Salaten. Dann folgt eine garnierte Aufschnittplatte. Der dritte Gang besteht aus Kalbskopf mit Kren (Meerrettich), der vierte aus Kaffee und Kuchen.
Dem rustikalen Abendessen können Sie leicht eine etwas feinere Note geben, wenn Sie das Kalbskopfgericht durch etwas anderes ersetzen. Wir denken etwa an einen Tafelspitz, jener weltberühmten Spezialität aus dem Wiener Sacher, die außerhalb der Landesgrenzen nahezu als österreichisches Nationalgericht gilt. Der Wiener Tafelspitz wird traditionsgemäß mit geriebenem Meerrettich oder mit einer Meerrettichsauce serviert. Dieses Gericht schmeckt nicht nur köstlich, es ist auch leicht bekömmlich und gesund.

Tiroler Nudelsuppe

2 Bund Suppengrün, 1 Zwiebel, 500 g Rinderknochen, 3 Markknochen, 600 g Suppenfleisch vom Rind, 1/2 Suppenhuhn, 1 große Tomate, 2 l Wasser, Salz, 1 Tl getrocknetes Basilikum, 1/2 Tl getrocknete Liebstöckelblätter, 8 Pfefferkörner, 750 g Suppennudeln, 3 Paar Wiener Würstchen, je 1 El gehackten Schnittlauch und gehackte Petersilie

Das Suppengrün putzen, waschen und grob würfeln. Die geschälte Zwiebel vierteln. Die Knochen, das Fleisch und das halbe Huhn unter kaltem Wasser kurz abspülen. Mit dem vorbereiteten Suppengrün, der Zwiebel und der gewaschenen, geviertelten Tomate in einen Topf geben. Mit kaltem Wasser auffüllen, salzen, aufkochen und zugedeckt mindestens 2 Stunden sanft köcheln lassen, dabei hin und wieder abschäumen. Nach 30 Minuten Kochzeit die Gewürze zu der Suppe geben. Das Fleisch und das Suppenhuhn aus der fertigen Suppe nehmen, eventuell anderweitig verwenden. Die Fleischsuppe durch ein Sieb gießen, wenn sie dann noch nicht klar ist, durch ein Mulltuch gießen. Die Suppe eventuell mit Salz nachwürzen.
Die Suppennudeln in 3 l Salzwasser getrennt von der Suppe je nach ihrer Größe in 5 bis 10 Minuten garkochen, dann auf einem Durchschlag abtropfen lassen. Die Suppe wieder erhitzen, aber nicht aufkochen lassen. Dabei die Würstchen mit hineingeben. Wenn die Würstchen heiß sind, herausnehmen und in Scheiben schneiden. Mit den Nudeln wieder in die Suppe geben. Die Suppe mit Petersilie und Schnittlauch bestreut servieren.
Pro Person: 1675 Kalorien/7011 Joule

Tiroler Geschlingel (Beuschel)

1000 g Beuschel (Herz und Lunge vom Kalb), 1 Möhre, 1 Zwiebel, 2 l Salzwasser, 1 kräftiger Schuß Essig, 3 Lorbeerblätter, 4 Gewürznelken, 10 Pfefferkörner, 1 Thymianzweig (ersatzweise ½ Tl getrockneter Thymian), 60 g Butter, 50 g Mehl, 2 Gewürzgurken, 3 Sardellenfilets, 1 El Kapern, abgeriebene Schale von ½ ungespritzten Zitrone, ⅛ l saure Sahne, 1/16 l Rotwein, 2 El Zitronensaft, 1 El gehackte Petersilie

Kalbsbeuschel unter fließendem kalten Wasser gründlich abspülen. Die geschälte Möhre in Scheiben, die geschälte Zwiebel in Achtel schneiden. Das Salzwasser sprudelnd aufkochen, das Beuschel mit Möhre und Zwiebel und den Gewürzen hineingeben und bei milder Hitze in etwa 45 Minuten weichkochen. Dann herausnehmen und abkühlen lassen. Die Brühe durch ein Sieb gießen und einen knappen ¾ l abmessen. Das Beuschel in feine Streifen schneiden. Die Butter erhitzen, das Mehl darin dunkel anschwitzen. Mit der Beuschelbrühe unter Rühren auffüllen, das geschnittene Beuschel hineingeben und alles bei milder Hitze 10 Minuten kochen lassen. Die Gewürzgurken fein würfeln. Die kurz gewässerten und trockengetupften Sardellenfilets ganz fein hacken. Mit den abgetropften Kapern und der Zitronenschale zu dem Beuschel geben. Saure Sahne, Rotwein und Zitronensaft hineinrühren. Das Beuschel eventuell mit Salz nachwürzen. Mit Petersilie bestreut servieren.
Pro Person: 484 Kalorien/2026 Joule
Serviervorschlag: An »normalen« Tagen ißt man zu Beuschel in Tirol gerne Polenta (s. Seite 69), bei einem Hochzeitsessen aber gehören Speckknödel dazu.

Speckknödel

8 altbackene Semmeln (Brötchen), gut ¼ l Milch, 3–4 Eier, 150 g durchwachsener Speck, 150 g geräucherte Wurst, 1 Zwiebel, 20 g Butter, je 2 Bund Petersilie und Schnittlauch, Salz, Mehl, 3 l Salzwasser

Die Brötchen in feine Würfel schneiden und in eine Schüssel geben. Die Milch mit den Eiern verquirlen und über die Brötchenwürfel gießen. Etwa 30 Minuten quellen lassen. In der Zwischenzeit den Speck fein würfeln und in einer Pfanne auslassen. Die Grieben an den Rand

schieben und in dem heißen Speckfett die ganz fein gehackte Wurst kurz anbraten. Die Zwiebel schälen und hacken und in der heißen Butter goldgelb braten. Petersilie und Schnittlauch abspülen, trockenschwenken und fein hacken. Alles zu dem Knödelteig geben und gut durcharbeiten. Den Teig mit Salz abschmecken. Der Teig soll nicht zu fest sein, aber nicht »schmieren«. Eventuell etwas Mehl hineingeben. Mit leicht bemehlten Händen aus dem Teig 12 Knödel formen. Das Salzwasser nicht zu stark sprudelnd kochen lassen und einen kleinen Probeknödel hineingeben, 12 Minuten kochen lassen. Er soll außen glatt und innen weich und locker sein. Ist er zu weich, gibt man noch etwas Mehl an den Teig, ist er zu fest, etwas Milch. Nun erst läßt man die übrigen Knödel etwa 15 Minuten kochen. Sie werden mit einem Schaumlöffel aus dem Kochwasser genommen, gut abgetropft und in einer vorgewärmten Schüssel sofort aufgetragen.
Pro Person: 828 Kalorien/3466 Joule

Schweinebraten vom Rost

2 Knoblauchzehen, 1 Tl Salz, je 1 Tl gemahlener Rosmarin und zerriebener getrockneter Thymian, 2 El Öl, 1000 g magerer Schweinebraten, 1/4 l klare Fleischbrühe, 1/4 l Wasser, 20 g Butter, 10 g Mehl

Die geschälten Knoblauchzehen ganz fein hacken und mit einem Messer zerdrücken oder durch die Knoblauchpresse drücken, dann mit Salz, Rosmarin, Thymian und Öl zu einer dicken Paste verrühren und den abgespülten, mit Haushaltspapier getrockneten Schweinebraten damit einreiben. Den Braten auf den Bratrost legen und in den auf 220 Grad (Gasherd Stufe 4) vorgeheizten Backofen schieben. Die Fettpfanne darunterschieben und die Fleischbrühe hineingießen. Die Bratzeit beträgt etwa 90 Minuten, dabei nach und nach das Wasser in die Fettpfanne gießen. Den Braten in dem ausgeschalteten Ofen noch 5 Minuten ruhen lassen, dann herausnehmen, aufschneiden und auf einer vorgewärmten Platte anrichten. Den Bratfond abgießen und aufkochen. Die Butter mit dem Mehl verkneten und in den Fond rühren. Diese Sauce nochmal aufkochen lassen und getrennt zu dem Braten reichen.
Pro Person: 1086 Kalorien/4545 Joule
Serviervorschlag: Nach altem österreichischem Brauch gehört auch zum Braten ein anständiger Knödel. Sie können aber auch Kartoffeln

oder einfach nur Brot, auf alle Fälle aber Salate wie Rettich-, Sellerie-, Rote-Bete-, Weißkraut-, Tomaten- und Kopfsalat auf einer bunten Platte dazu reichen. Als Getränk passen Bier oder Weißwein.

Affenplatteln

300 g Mehl, 150 g Butter, 3 Eidotter, 1 Ei, 4 El Sahne, 2 El Rum, 30 g Zucker, 1 Tl Vanillezucker, 1 Messerspitze Zimt, 1 Prise Salz, Mehl zum Ausrollen, 750 g Schweineschmalz zum Ausbacken, Puderzucker zum Bestäuben

Das Mehl in eine Schüssel geben und die Butter in Flocken darauf verteilen. Dann Mehl und Butter mit den Fingerspitzen ähnlich wie Streusel zerreiben. Nach und nach die Eidotter, das Ei, Sahne, Rum und die Gewürze dazugeben und alles zu einem festen, aber geschmeidigen Teig kneten. Den Teig zu einer Kugel formen und im Kühlschrank 1 Stunde ruhen lassen. Von dem Teig etwa walnußgroße Teigstücke abnehmen und auf der bemehlten Arbeitsfläche handtellergroß ausrollen. Man nimmt die Ränder zusammen und zieht sie etwas hoch. Das Schweineschmalz wird in der Friteuse so stark erhitzt, bis sich an einem hineingehaltenen Holzstab Blasen bilden. Dann immer 2 bis 3 Platten auf einmal in das Fett geben und rundherum goldbraun ausbacken. Mit einem Schaumlöffel herausnehmen und auf einer dicken Lage Haushaltspapier abfetten lassen. Die Affenplatteln auf einer großen Platte anrichten und mit Puderzucker bestäuben.
Insgesamt: 1068 Kalorien/4470 Joule
Serviervorschlag: Die Affenplatteln sind ein Kaffeegebäck, zu denen man leicht gesüßte Sahne reichen kann.

Hochzeitskrapfen

3 Eier, 1 Eigelb, 180 g Zucker, 180 g Mandeln gemahlen, abgeriebene Schale von 1/2 ungespritzten Zitrone, 1 Messerspitze Zimt, 200 g Mehl, 1 Prise Salz, 200 g kühle Butter, 4 Eidotter, 5 El saure Sahne, 2 El Zitronensaft, 10 El Wasser, Mehl zum Ausrollen, 1 Eigelb zum Bestreichen, 2 El Milch

Die Eier und das Eigelb mit dem Zucker schaumig rühren, dann nach und nach die Mandeln, Zitronenschale und Zimt unterziehen. Die

Riesling
ALSACE
1971
Kuehn

Masse 30 Minuten ruhen lassen. In der Zwischenzeit für den Teig das Mehl mit Salz mischen. Die Butter in Flocken in das Mehl geben. Die Eidotter mit saurer Sahne, Zitronensaft und Wasser verquirlen und in das Mehl rühren. Den Teig ganz kurz einmal durchkneten, dann auf der bemehlten Arbeitsfläche so dünn wie möglich ausrollen, zusammenfalten und wieder ausrollen. Diesen Vorgang wiederholen, bis die Butter ganz von dem Teig aufgenommen ist. Den Teig dann etwa 1 cm hoch ausrollen, in handtellergroße Stücke schneiden und jedes Stück bis auf 5 mm Dicke ausrollen. In die Mitte des Teigfladens etwa 1 El Füllung geben, die Enden zur Mitte etwas hochziehen und zusammenfalten. Das Eigelb mit der Milch verquirlen, die Krapfen damit bestreichen. Die Krapfen auf ein ungefettetes Blech legen, und in dem auf 180 Grad (Gasherd Stufe 2) vorgeheizten Backofen 15 Minuten backen. Etwas abkühlen lassen, dann ganz frisch auftragen.

Insgesamt: 4921 Kalorien/20599 Joule

Kalbskopf mit Kren

1 Kalbskopf (3000 g), 3 l Salzwasser, 2 Lorbeerblätter, 4 Wacholderbeeren, 5 Gewürznelken, 6 Pfefferkörner, 2 El Öl, Saft von ½ Zitrone, 40 g Mehl, 2 Eier, weißer Pfeffer, Salz, 60 g Semmelbrösel, 750 g Kokosfett oder 1 l Öl zum Ausbacken, 1 etwa 15 cm lange Meerrettichstange, 3 El kochende Fleischbrühe, 2 El Essig, 1 El Öl, 1 Tl Schnittlauchröllchen, etwas Paprika edelsüß

Den Kalbskopf beim Fleischer küchenfertig zubereiten und halbieren lassen. Das Salzwasser mit den Gewürzen zum Kochen bringen und den Kalbskopf hineingeben. Im geschlossenen Topf bei milder Hitze 90 Minuten kochen lassen. Den Kalbskopf aus der Brühe nehmen, abtropfen und etwas abkühlen lassen. Das Fleisch in möglichst großen Stücken aus dem Kalbskopf auslösen, in Rechtecke schneiden und mit Öl und Zitronensaft beträufelt 15 Minuten stehen lassen. Die Stücke dann zuerst in dem Mehl wenden, überflüssiges Mehl abschütteln. Die Eier mit Pfeffer und Salz würzen. Kalbskopfstücke darin und zum Schluß in den Semmelbröseln wenden. Die Panade etwas andrücken. Kokosfett oder Öl in der Friteuse erhitzen, bis sich an einem hineingehaltenen Holzstab Blasen bilden. Immer 1 bis 2 Stücke Kalbskopf auf einmal hineingeben und in 10 Minuten goldbraun ausbacken, zwischendurch einmal wenden. Die gut abgetropf-

ten Stücke auf einer vorgewärmten Platte anrichten und warm stellen, bis alle Stücke fertig sind.
Den Meerrettich unter kaltem Wasser abbürsten, dann dünn schälen und fein reiben. Die kochende Fleischbrühe (von der Kalbskopfbrühe nehmen) darübergießen und alles abkühlen lassen. Dann mit Essig und Öl verrühren. In ein Schälchen füllen und mit Schnittlauchröllchen und einem Hauch Paprika bestreuen.
Pro Person: 692 Kalorien/2896 Joule

Wiener Tafelspitz

(Für 6 Personen)

250 g Tomaten, 1 Bund Suppengrün, 1250 g Rinderschwanzstück, Salz, schwarzer Pfeffer, 750 g Kalbsknochen, 40 g Kokosfett, 3/4 l kochende Fleischbrühe, 8 Pfefferkörner, 2 Gewürznelken, 1 Lorbeerblatt, 1/8 l Weißwein, 1 El grob gehackte glatte Petersilie

Die gewaschenen Tomaten halbieren oder vierteln und zum Kochen bringen. 15 Minuten bei milder Hitze zugedeckt kochen lassen, dann durch ein Sieb streichen. Das Suppengrün putzen, waschen, gründlich abtropfen lassen und würfeln oder in Scheiben schneiden. Das Fleischstück kurz unter kaltem Wasser abspülen, trockentupfen und mit Salz und Pfeffer einreiben. Die Kalbsknochen kurz abspülen und gut abtropfen lassen. Das Kokosfett in einem großen Bräter erhitzen. Fleisch, Knochen und Suppengrün darin anbraten, dann mit der kochenden Fleischbrühe und dem sehr heißen Tomatensaft begießen. Die Gewürze dazugeben und den Bräter geschlossen in den auf 240 Grad (Gasherd Stufe 5) vorgeheizten Backofen stellen. Das Fleisch 1 1/2 bis 2 Stunden sanft schmoren lassen. Dabei nach und nach den Wein angießen. Das Fleisch aus dem Sud nehmen, aufschneiden, auf einer vorgewärmten Platte anrichten und mit etwas durchgesiebter Brühe übergießen. Mit Petersilie bestreuen (Abb. S. 85).
Pro Person: 445 Kalorien/1862 Joule
Beilagen: Zu dem Tafelspitz geriebenen Meerrettich (Kren) oder eine Meerrettichsauce reichen. Für die Sauce eine helle Mehlschwitze aus der Kochbrühe und etwas saurer Sahne bereiten. Mit Meerrettich und etwas Zucker abschmecken. Außerdem gibt es dazu: Salz- oder Röstkartoffeln und gekochtes Gemüse (z. B. Erbsen, Böhnchen, Möh-

ren, Blumenkohlröschen, Spinat) und Salat (z. B. Rote-Bete-Salat oder eingelegte Rote Bete, Endiviensalat, Krautsalat mit Speck, Selleriesalat). In einigen Gegenden Österreichs wird zum Tafelspitz statt Meerrettich oder Meerrettichsauce die berühmte Schnittlauchsauce gereicht: 3 altbackene Brötchen werden in 1/8 l Milch eingeweicht, ausgedrückt und mit 3 hartgekochten, geschälten Eiern durch ein Sieb gedrückt. In die Masse 1/8 l Öl einrühren, 3 El Schnittlauchröllchen hineingeben und pikant abschmecken mit Essig oder Zitronensaft, Salz, Senf, 1 Prise Zucker, Worcestersauce oder Pfeffer.

Kastanientorte

600 g Eßkastanien, 1/2 l Milch, 4 Eidotter, 200 g Zucker, 4 El Rum oder Cognac, 4 Eiweiß, 50 g Mehl, Butter zum Einfetten, 3/8 l Sahne, 100 g Puderzucker, ausgeschabtes Mark von 1/4 Vanilleschote

Die Kastanien oben kreuzweise einschneiden, auf ein Backblech legen und in dem auf 200 Grad (Gasherd Stufe 3) vorgeheizten Backofen 20 Minuten rösten, bis sich die Schalen öffnen. Die noch heißen Kastanien schälen, auch die pelzige Innenhaut abziehen. Dann in der Milch in 20 Minuten weichkochen. Die Milch abgießen, aber nicht wegschütten. 12 Kastanien als Garnierung beiseite legen. Die restlichen Kastanien abkühlen lassen, im Mixer pürieren oder durch ein Sieb streichen. Die Eidotter mit Zucker schaumig rühren. Etwa die Hälfte des Kastanienpürees mit 2 El Rum oder Cognac und 2 bis 3 El der Milch verrühren und mit dem Eigelbschaum mischen. Eiweiß zu steifem Schnee schlagen und zusammen mit dem gesiebten Mehl unter das Kastanienpüree ziehen. Eine Springform mit Butter einfetten, ein entsprechend zugeschnittenes Pergamentpapier in die Form legen und ebenfalls einfetten. Den Teig hineinfüllen und in dem auf 180 Grad (Gasherd Stufe 2) vorgeheizten Backofen 55 Minuten backen. Die Torte etwas abkühlen lassen, dann erst aus der Form lösen. Ganz erkalten lassen und mit einem starken Faden oder einem scharfen Messer waagerecht halbieren. Die Sahne steif schlagen, dabei nach und nach den Puderzucker unterziehen. Das restliche Kastanienpüree mit 2/3 der Schlagsahne und dem restlichen Rum oder Cognac mischen. Wenn die Füllung zu fest sein sollte (das hängt von der Qualität der Kastanien ab), noch etwas von der Milch beifügen. Die Füllung auf den unteren Tortenboden streichen, den zweiten Boden vor-

sichtig daraufsetzen. Die restliche Sahne mit dem Vanillemark parfümieren und einen Teil dünn auf die Torte streichen. Den Rest in einen Spritzbeutel füllen und 12 Sahnetupfen auf die Torte spritzen. Jeden Tupfen mit einer Kastanie garnieren. Die Torte aufschneiden.
12 Stücke je: 386 Kalorien/1615 Joule

Persien

In einem persischen Kochbuch heißt es, Kochen bedeutet Liebe – und wenn es irgendein Land gibt, in dem mit ganzer Hingabe gekocht wird, dann ist es Persien. Bei der nachfolgenden Mahlzeit aus zwei Vorspeisen und einem Hauptgericht kann man als Nachspeise das in Persien sehr beliebte süße Gebäck servieren. Ausgezeichnet paßt hier die »Baklava«, die sich von der türkischen Variation (Rezept s. S. 125) dadurch unterscheidet, daß sie statt mit Walnüssen mit Mandeln gefüllt und mit Zimt und Rosenwasser gewürzt wird. Danach kann man noch Früchtekompott reichen. Gut schmeckt eine Mischung aus Pflaumen, Äpfeln und Aprikosen oder aus Äpfeln, Pfirsichen, Pflaumen und Erdbeeren. Alle Kompotts werden mit etwas Rosenwasser parfümiert.

Nazkhatun (»Kaviar« aus Auberginen)

2 mittelgroße Auberginen (etwa 500 g), 2 Knoblauchzehen, 2 Bund Petersilie, etwa 1/4 l Olivenöl, 1 Tl Salz, 1/2 Tl weißen Pfeffer, 1 Messerspitze Zimt, 1 El Essig, 1 Tl Zitronensaft, 1 Tl getrocknete, zerriebene Minzblätter

Die Auberginen 25 Minuten in dem auf 250 Grad (Gasherd Stufe 6) vorgeheizten Backofen rösten, bis die Haut ganz schrumplig wird. Die Auberginen kurz unter kaltem Wasser abschrecken, dann häuten. Das Fruchtfleisch so kräftig wie möglich ausdrücken und ganz fein hacken. Die geschälten Knoblauchzehen durch die Knoblauchpresse drücken. Die abgespülte, trockengeschwenkte Petersilie fein hacken. Beides mit dem Auberginenpüree mischen. Dann tropfenweise so viel Öl unterrühren, wie das Püree aufnimmt. Mit den Gewürzen, Essig, Zitronensaft und Minze abschmecken und einige Stunden kühl stel-

len. Dabei immer wieder umrühren, damit sich das Öl nicht absetzt.
Pro Person: 615 Kalorien/2574 Joule
Serviervorschlag: Das Gericht bergartig auf frischen Salatblättern anrichten.

Borani Esfanaj (Spinat mit Joghurt)

500 g Spinat, 1/4 l Salzwasser, 1 Zwiebel, 10 g Butter, 1/4 l Sahnejoghurt, 1 Knoblauchzehe, Salz, frisch gemahlener schwarzer Pfeffer, 1 Prise Zimt

Den Spinat waschen, verlesen und abtropfen lassen. Das Wasser sprudelnd aufkochen und den Spinat darin 10 Minuten kochen lassen, abgießen, ausdrücken und fein hacken. Die Zwiebel schälen und fein hacken und in der heißen Butter goldgelb dünsten. Sahnejoghurt schaumig rühren, den abgekühlten Spinat, die abgekühlten Zwiebeln und die geschälte, fein gehackte Knoblauchzehe hineingeben. Mit Salz, Pfeffer und Zimt abschmecken und 2 Stunden in den Kühlschrank stellen.
Pro Person: 131 Kalorien/548 Joule

Khoreshe Fesenjan (Huhn in Granatapfelsauce)

1 Poularde (1200 g), Salz, schwarzer Pfeffer, 50 g Butterschmalz, 1 Zwiebel, 1 El Tomatenmark, 2 El Wasser, 125 g gehackte Walnüsse, 1/4 l Wasser, 1 Tl Zimt, 1 El Zitronensaft, 2 Granatäpfel (je etwa 150 g), 1 Tl Zucker

Die küchenfertige Poularde in vier Teile schneiden. Kurz unter kaltem Wasser abspülen, mit Haushaltspapier trockentupfen und mit Salz und Pfeffer kräftig einreiben. Das Butterschmalz in einem Topf erhitzen und die Hähnchenteile darin 10 Minuten anbraten. Dann herausnehmen und beiseite stellen. Die geschälte, gehackte Zwiebel in dem Bratfett goldgelb braten, dann das mit Wasser verrührte Tomatenmark und die gehackten Walnüsse dazugeben und alles unter ständigem Rühren 3 Minuten schmoren lassen. Dann das Wasser und die übrigen Zutaten in die Sauce geben und diese zugedeckt bei milder Hitze 10 Minuten sanft köcheln lassen. Die Sauce abschmekken und eventuell mit Salz und Zucker nachwürzen. Die Poularden-

stücke in die Sauce geben und alles nochmal 25 Minuten mehr ziehen als kochen lassen.
Pro Person: 821 Kalorien/3436 Joule
Serviervorschlag: Zu diesem Geflügelgericht wird grundsätzlich Reis gereicht, zu dem noch ein weiteres Ragout zur Auswahl steht.

Kukuye Sib (Rindfleisch mit Äpfeln)

70 g Butter, 1 große Zwiebel, 2 El Zitronensaft, 500 g mageres Rindfleisch (Nuß oder Kluft), Salz, frisch gemahlener schwarzer Pfeffer, 1/2 Tl Zimt, 1/4 l Wasser, 4 säuerliche Äpfel

20 g Butter erhitzen und die geschälte, fein gehackte Zwiebel darin glasig braten. Die Zwiebel aus dem Fett nehmen und mit 1 El Zitronensaft beträufelt beiseite stellen. Das abgespülte, trockengetupfte Rindfleisch in kleine Würfel schneiden. Weitere 20 g Butter in dem Bratfett erhitzen und die Fleischwürfel darin anbraten, bis sie rundherum etwas Farbe genommen haben. Dann erst mit Salz, Pfeffer und Zimt würzen, das Wasser und den restlichen Zitronensaft angießen. Das Fleisch zugedeckt 30 Minuten schmoren lassen. In der Zwischenzeit die gewaschenen Äpfel schälen, achteln und von ihren Kerngehäusen befreien. Dann in dünne Schnitze schneiden. Die restliche Butter in einem Topf erhitzen, die Apfelschnitze hineingeben und im eigenen Saft zugedeckt 5 Minuten bei milder Hitze ziehen lassen. In einer feuerfesten Form das Fleisch mit den Zwiebeln mischen und die Sauce eventuell mit Salz und Pfeffer nachwürzen. Die Apfelschnitze dekorativ auf dem Fleisch anrichten und alles zugedeckt nochmals 5 Minuten kochen lassen. Dann servieren und erst bei Tisch mischen.
Pro Person: 474 Kalorien/1984 Joule

Polen

Nicht selten wird behauptet, daß die polnische Küche große Ähnlichkeit mit der russischen habe. Das gilt jedoch nur auf den ersten Blick. Denn Polen hat auf dem Gebiet der Kochkunst viel Eigenständiges zu bieten. Und neben der weltberühmten Zuckerbäckerei gibt es noch so manche Spezialität aus diesem Land, die ihresgleichen sucht. Das hier zusammengestellte Menü ist so recht zum Verwöhnen der Gäste geeignet. Es besteht aus zwei Vorspeisen, einer Suppe, einem reichgarnierten Braten als Hauptgericht und einer prächtigen Dessert-Torte.

Aurzi po polski (Polnische Gurken)

1 große Salatgurke, Salz, 1 kleine Fenchelknolle mit Blättern, 1/8 l saure Sahne, weißer Pfeffer

Die gewaschene Gurke ganz dünn schälen und in dünne Scheiben hobeln. Die Scheiben auf einem Brett ausbreiten und jede Lage dünn mit Salz bestreuen. 10 Minuten ziehen lassen, bis sich das Salz aufgelöst hat. Die Gurken in ein mit einem Küchentuch ausgelegtes Sieb geben und ganz vorsichtig ausdrücken. In eine Salatschüssel füllen. Von der Fenchelknolle die Blättchen abschneiden. Die Knolle waschen und abtrocknen, dann achteln und in hauchdünne Streifen schneiden. Das Blattgrün sehr fein hacken, etwas davon beiseite stellen. Die saure Sahne mit etwas Pfeffer abschmecken und schaumig rühren. Die Fenchelscheiben und das Fenchelgrün mit den Gurkenscheiben mischen. Mit Sahne übergießen. Das restliche Fenchelgrün als Garnierung drüberstreuen.
Pro Person: 77 Kalorien/322 Joule
Serviervorschlag: Eisgekühlten Wodka dazu servieren.

Polnische Eier

4 hartgekochte Eier, je 1 El gehackter Dill, Kerbel und Petersilie, 1 El Schnittlauchröllchen, 80 g weiche Butter, Salz, frisch gemahlenen weißen Pfeffer, Paprika edelsüß, 2 El Semmelbrösel, 25 g geriebener Emmentaler oder Greyerzer Käse

Mit einem großen scharfen Messer die Eier mit einem gezielten Schnitt quer halbieren. Eigelb und Eiweiß vorsichtig mit einem Löffel aus den Schalen heben. Das Eiweiß hacken, das Eigelb durch ein Sieb streichen. Beides mit den Kräutern mischen. Etwa 60 g Butter schaumig rühren, dann nach und nach die Eimasse unterziehen. Die Masse pikant mit Salz, Pfeffer und Paprika abschmecken und wieder in die Eierschalenhälften füllen. Semmelbrösel und geriebenen Käse mischen und über die Eier streuen. Die restliche Butter in Flöckchen darüber verteilen. Die Eier auf ein Backblech setzen und in dem auf

240 Grad (Gasherd Stufe 5) vorgeheizten Backofen 10 Minuten überbacken. Dann sofort servieren (Abb. S. 86 unten).
Pro Person: 275 Kalorien/1151 Joule
Serviervorschlag: Die Eier auf Salatblättern anrichten.

Pieczony Schab (Glasierter Schweinebraten)
(Für 6 Personen)

2000 g Schweinerücken (mit Knochen), Salz, Pfeffer, 8 Gewürznelken, 500 g Äpfel, 50 g Butter, 200 g Farinzucker, 1/8 l Weißwein, 1/8 l Weinessig, 1 Messerspitze Nelken, 2 Dutzend süßsauer eingelegte Pflaumen

Den abgespülten und mit Haushaltspapier abgetrockneten Schweinerücken an der Oberseite rautenförmig einschneiden. Rundherum mit einer Mischung aus Salz und Pfeffer einreiben. Die Gewürznelken gleichmäßig verteilt in die Oberseite stecken. Den Braten auf ein Rost legen und in den auf 220 Grad (Gasherd Stufe 4) vorgeheizten Backofen schieben. Die Fettpfanne drunterschieben und etwa 1/4 l kochendes Wasser hineingießen. Den Braten gut 2 Stunden braten lassen. Wenn nötig etwas Wasser nachgießen. In der Zwischenzeit die Apfelsauce zum Glasieren zubereiten. Die gewaschenen und geschälten Äpfel in dünne Schnitze teilen. Die Butter in einem Topf zerlassen, nicht bräunen. Die Apfelschnitze hineingeben, mit Zucker bestreuen, mit Wein und Essig begießen. Im geschlossenen Topf einmal aufkochen lassen, dann die gemahlenen Nelken unterrühren. Die Apfelstücke bei milder Hitze 20 Minuten sanft köcheln lassen. Dann etwas abkühlen lassen und im Mixer pürieren oder durch ein Sieb streichen. Etwa die Hälfte der Apfelsauce auf den Schweinerücken streichen, dann 15 Minuten weiterbraten. Die restliche Sauce auf den Schweinerücken streichen und nochmals 15 Minuten braten lassen. Den Braten aufschneiden und wieder als Ganzes auf einer vorgewärmten Platte anrichten. Mit den eingelegten Pflaumen umlegen.
Pro Person: 1197 Kalorien/5012 Joule
Serviervorschlag: Den Schweinebraten mit süßsauren Pflaumen und Sauerkrautsalat reichen. Außerdem Kartoffelklöße aus gekochten Kartoffeln oder kleine runde Kartoffeln in Butter gebraten und mit Zucker leicht glasiert dazu servieren. Die Kartoffelklöße können Sie mit in Butter gerösteten Semmelbröseln und gehackter Petersilie bestreuen. Wer nicht auf Sauce zum Braten verzichten möchte, kocht

den Bratfond mit etwas Wasser und (oder) Wein los, würzt mit Pfeffer, Salz und einer Spur Kümmel und dickt die Sauce mit etwas Tomatenpüree und saurer Sahne an.

Süßsaure Pflaumen

(Für 6 Personen)

500 g kleine feste rote Pflaumen, 1 l Weinessig, ½ l Weißwein, ½ l Wasser, 300 g Zucker, 5 Gewürznelken, 5 Pimentkörner, 1 Zimtstange

Die Pflaumen waschen und gut abtrocknen. In ein Steingutgefäß legen. ½ l Essig mit ¼ l Wein und ¼ l Wasser sprudelnd aufkochen und über die Pflaumen gießen. Etwa 1 Stunde bei Zimmertemperatur ziehen lassen. Die Flüssigkeit wieder abgießen, noch einmal aufkochen und wieder über die Pflaumen gießen. Nach 2 Stunden die Flüssigkeit abgießen und wegschütten. Die restliche Flüssigkeit mit Zukker und den Gewürzen aufkochen und unter Rühren so lange weiterkochen, bis sich der Zucker aufgelöst hat. Dann über die Pflaumen gießen und zugedeckt 12 Stunden ziehen lassen. Die Flüssigkeit wieder abgießen, aufkochen lassen und kochend über die Pflaumen gießen. Das Gefäß gut verschließen und die Pflaumen mindestens 1 Woche ziehen lassen.
Pro Person: 297 Kalorien/1243 Joule

Surowska z Kiszoney Kapusty (Sauerkrautsalat)

(Für 6 Personen)

800 g Sauerkraut, 4 kleine mürbe Äpfel, 250 g Möhren, 1 El Zucker, 8 El Öl, 2 Tl grob gemahlenen Kümmel, Salz, frisch gemahlener schwarzer Pfeffer

Das Sauerkraut gut ausdrücken und mit einer Gabel zerpflücken. Die gewaschenen und geschälten Äpfel fein würfeln, die gewaschenen geschälten Möhren grob raspeln. Beides gründlich mit dem Sauerkraut mischen. Mit dem Zucker bestreuen und ziehen lassen, bis sich der Zucker gelöst hat. Öl mit Kümmel, Salz und Pfeffer würzen und über den Salat gießen. Den Salat bis zum Servieren zugedeckt in den Kühlschrank stellen.
Pro Person: 219 Kalorien/920 Joule

Tort Orzechowy (Buttercremetorte)

8 Eiweiß, 1 Prise Salz, 8 Eidotter, 150 g Puderzucker, 1 Vanilleschote, 350 g gemahlene Walnüsse oder gemahlene Mandeln, 50 g Semmelbrösel, Butter zum Einfetten, Mehl zum Ausstreuen, 1/4 l Milch, 150 g Zucker, 1 Prise Salz, 25 g Speisestärke, 2 Eidotter, 300 g Butter, 50 g Puderzucker, 2 El Instant-Kakaopuder, 175 g gehackte Walnüsse oder Mandeln

Eiweiß mit dem Salz zu steifem Schnee schlagen. Die Eidotter mit dem Puderzucker und dem aus 1/2 Vanilleschote geschabten Mark schaumig rühren (die ausgedrückte Vanilleschote aufheben). Dann ganz vorsichtig den Eischnee, die gemahlenen Walnüsse oder Mandeln und die Semmelbrösel unterziehen (nicht rühren). Eine Springform von 22 cm Durchmesser reichlich mit Butter einfetten. Mit dem Mehl bestäuben und mehrmals drehen. Das überflüssige Mehl herausklopfen. Den Teig in die Form geben und die Oberfläche glattstreichen. In dem auf 180 Grad (Gasherd Stufe 2) vorgeheizten Backofen 60 Minuten backen. Dann in dem abgeschalteten, geöffneten Ofen noch 10 Minuten ruhen lassen. Die Torte aus der Form lösen und abkühlen lassen. Während der Backzeit für die Buttercreme die Milch mit dem Zucker, dem ausgedrückten Vanilleschotenstück, der restlichen Vanilleschote und dem Vanillemark und dem Salz aufkochen. Die mit wenig Wasser oder Milch verquirlte Speisestärke in die Milch rühren und alles kurz aufkochen lassen. Dann vom Herd nehmen. Die Vanilleschotenstücke entfernen, die beiden Eidotter mit etwas Flammerimasse verquirlen und in den Flammeri rühren. Den Flammeri abkühlen lassen. Dabei hin und wieder umrühren, damit sich keine Haut bildet. Die weiche Butter mit dem Puderzucker schaumig rühren. Zum Schluß nach und nach das Kakaopuder unterrühren. Dann eßlöffelweise den abgekühlten Flammeri unter die Butter ziehen. Es ist wichtig, daß Butter und Flammeri etwa die gleiche Temperatur haben: Ist der Flammeri noch zu warm, kann die Butter leicht gerinnen. Die Buttercreme dann 15 Minuten im Kühlschrank ruhen lassen.

Die Torte mit einem großen scharfen Messer oder mit einem starken Faden einmal quer halbieren. Die untere Hälfte auf eine Tortenplatte setzen und mit einer etwa 1 cm dicken Schicht Creme bestreichen. Die zweite Tortenplatte mit der Schnittfläche nach unten auf die Creme setzen und die Torte rundherum mit der restlichen Creme bestreichen. Oberfläche und Seite mit den Walnüssen oder Mandeln

bestreuen und diese etwas festdrücken. Die Torte bis zum Servieren in den Kühlschrank stellen.
12 Stücke je: 715 Kalorien/2994 Joule
Serviervorschlag: Da diese Torte das Dessert ersetzt, können Sie dazu einen lieblichen Sekt reichen. Oder es gibt Kaffee, der von einem Cognac oder einem Obstbrand (Kirsch, Williamsbirne, Himbeergeist) begleitet wird. Likör ist nicht zu empfehlen, höchstens Cointreau oder Curaçao.
Nach der Torte können Sie nach französischem Vorbild Früchteschalen oder ein Fruchtdessert servieren. Selbstverständlich kann auch weiteres Gebäck gereicht werden.

Rumänien

Der Rumäne ist ein heiterer Mensch, der gutes Essen und einen guten Tropfen gleichermaßen liebt und schätzt. Der langen Türkenherrschaft zum Trotz haben sich die Rumänen weitgehend ihre eigenständige Küche bewahrt, die vielleicht etwas an die italienische erinnert. Denn, so sagen die Rumänen, auch ihre Vorfahren waren die alten Römer. Ein Gericht, ein Maisbrei, ist beiden gemeinsam: Die Rumänen nennen es »Mamaliga«, die Italiener »Polenta«. Unter dem letzteren Namen hat es sich auch in Österreich und Jugoslawien eingebürgert.

Ciorba de Peste (Fischsuppe mit Knoblauch)

500 g Fischabfälle (Köpfe, Schwänze, Mittelgräten), 3 Zwiebeln, 1 Lorbeerblatt, 6 Pfefferkörner, Salz, 1½ l Wasser, 500 g Fischfilets von einem beliebigen Süßwasserfisch (Forelle, Felche, Renke), Saft von 2 Zitronen, frisch gemahlener schwarzer Pfeffer, ½ Salatgurke, 4 Knoblauchzehen

Die gewaschenen Fischabfälle mit den geschälten, gehackten Zwiebeln, Lorbeerblatt, Pfefferkörner, etwa 1 Tl Salz und dem Wasser aufkochen und bei milder Hitze 45 Minuten zugedeckt ziehen lassen. Die Brühe dann durch ein Sieb gießen, Fischabfälle und Zwiebeln kräftig ausdrücken. Die Hälfte der Fischfilets salzen und mit etwas Zitronensaft beträufelt 10 Minuten ziehen lassen. Dann die Fischbrü-

he wieder aufkochen und die Fischstücke darin zugedeckt 15 Minuten kochen lassen. In der Zwischenzeit die restlichen Fischstücke säuern, salzen und pfeffern. Die Fischbrühe mit den Fischstücken etwas abkühlen lassen, dann im Mixer pürieren oder durch ein Sieb streichen. Erneut fast zum Kochen bringen und die Filets darin 10 Minuten ziehen (nicht kochen) lassen. Die Salatgurke schälen und in kleine Würfel schneiden. Die Suppe pikant mit Salz, Pfeffer und Zitronensaft abschmecken. Die geschälten Knoblauchzehen in einem Mörser mit Salz zu einer dicken Paste rühren oder durch die Knoblauchpresse drücken, dann mit Salz mischen. Etwa 1/4 l Fischbrühe mit der Knoblauchpaste verrühren und in ein Schälchen füllen. Die Fischfilets in eine vorgewärmte Terrine füllen, die Suppe darübergießen und mit den Gurkenwürfeln bestreut servieren. Die Knoblauchsauce getrennt dazu reichen. Jeder würzt sich seine Suppe nach Belieben.
Pro Person: 132 Kalorien/552 Joule

Mititei (Gegrillte Hackfleischwürstchen)

400 g mageres Rinderhackfleisch, 65 g Rindertalg, 1 Knoblauchzehe, Salz, frisch gemahlener schwarzer Pfeffer, gemahlener Rosmarin, getrockneter Thymian, Öl zum Einfetten

Das Rinderhackfleisch mit dem durchgedrehten Rindertalg zu einer geschmeidigen Masse kneten, eventuell etwas Öl dazugeben. Die Knoblauchzehe schälen und ganz fein hacken oder durch die Knoblauchpresse drücken. Zu dem Fleisch geben. Mit Salz, Pfeffer und den übrigen Gewürzen pikant abschmecken. Aus dem Teig gut daumengroße Würstchen formen, dabei die Hände immer wieder in kaltes Wasser tauchen. Den Grillrost mit etwas Öl einfetten und die Würstchen darauflegen. Die Würstchen 8 Minuten unter dem vorgeheizten Grill grillen, dabei hin und wieder mit etwas Öl bepinseln. Die Würstchen sofort auf einer vorgewärmten Platte servieren.
Pro Person: 394 Kalorien/1649 Joule
Serviervorschlag: Zu den Würstchen eingelegte Dillgurken und in Öl eingelegte Paprikaschoten reichen. Als Getränk paßt leichter Rotwein oder kühler Rosé.
Tip: Eingelegte Dillgurken und in Öl eingelegte Paprikaschoten schmecken selbstgemacht besonders gut. Anregungen hierzu finden Sie in meinem Buch »Pikantes – selbstgemacht« (Knaur-Taschenbuch 604).

Ardei cu Untdelemn (In Öl eingelegte Paprikaschoten)

4 mittelgroße rote oder grüne Paprikaschoten, 10 El Olivenöl, 8 El Weinessig, 4 El Weiß- oder Rotwein, 2 Tl Salz, frisch gemahlener schwarzer Pfeffer, Paprika edelsüß, 1 Messerspitze Knoblauchsalz

Die Paprikaschoten in den auf 250 Grad (Gasherd Stufe 6) vorgeheizten Backofen legen und 15 Minuten lang rösten lassen, bis die Haut aufbricht. Die Schoten dann kurz unter kaltem Wasser abschrecken und die Haut ablösen. Dabei aber die Stiele an den Schoten lassen. Das Öl mit Essig, Wein und Salz kräftig verrühren. Mit Pfeffer, Paprika und Knoblauchsalz herzhaft würzen. Die Paprikaschoten in eine Steingutschüssel legen und mit der Marinade begießen. Zugedeckt 4 Stunden bei Zimmertemperatur marinieren, dabei hin und wieder wenden. Dann die Schüssel gut verschließen und die Schoten nochmal 24 Stunden im Kühlschrank durchziehen lassen. Die Schoten auf einer Platte anrichten und mit etwas Marinade begießen.
Pro Person: 274 Kalorien/1146 Joule

Ciulama de pui (Rahmhuhn)

1 Poularde (1200 g), 1 Bund Suppengrün, 30 g Butter, 6 Pfefferkörner, Wasser, Salz, 1 Zweig frischer Thymian oder 1/2 Tl getrockneter Thymian, abgeriebene Schale von 1/2 Zitrone, 1 kleine Zwiebel, 1 Knoblauchzehe, 20 g Mehl, 1 Bund glatte Petersilie, frisch gemahlener schwarzer Pfeffer, Saft einer halben Zitrone, 1/4 l Sahne, 1 El Schnittlauchröllchen

Die Poularde innen und außen kurz unter kaltem Wasser abspülen, dann in vier Stücke teilen. Das Suppengrün putzen, waschen, gut abtropfen lassen und fein würfeln. 10 g Butter in einem Topf erhitzen und das Suppengrün darin einige Minuten anrösten. Die Pfefferkörner dazugeben und ganz kurz mitrösten lassen. Die Poulardenstücke hineinlegen und mit so viel kochendem Wasser begießen, daß sie eben bedeckt sind. Das Wasser wieder aufkochen lassen, dann mit Salz abschmecken, den Thymian und die Zitronenschale dazugeben. Die Poulardenstücke im geschlossenen Topf 45 Minuten bei milder Hitze köcheln lassen. Das Fleisch aus der Brühe nehmen und beiseite stellen. Die Brühe durch ein Sieb gießen und 1/2 l abmessen. Die

Zwiebel und die Knoblauchzehe schälen und fein hacken. Die restliche Butter erhitzen, Zwiebel und Knoblauch darin goldgelb braten. Das Mehl dazuschütten und unter Rühren 2 Minuten schwitzen lassen. Nach und nach die Hühnerbrühe dazugeben. Die abgespülte, trockengeschwenkte Petersilie in die Sauce geben und alles 5 Minuten sanft köcheln lassen. Die Sauce dann durch ein Sieb streichen. Mit der Sahne verrühren, mit Salz, Pfeffer und Zitronensaft abschmekken. Die Poulardenstücke in die Sauce geben und erhitzen, aber nicht mehr kochen lassen. Alles in eine vorgewärmte Schüssel füllen und mit Schnittlauchröllchen bestreuen.
Pro Person: 629 Kalorien/2632 Joule
Serviervorschlag: Zu dem Rahmhuhn gibt es kalte, in Scheiben geschnittene Polenta (Rezept s. S. 69) und Champignonragout.

Jahnie de Ciuperci (Champignonragout)

500 g frische Champignons, Saft von 1 Zitrone, 2 Zwiebeln, 3 El Sonnenblumenöl, Salz, frisch gemahlener schwarzer Pfeffer, 3 El Tomatenmark, 1 Tl Zucker, 2 Bund Dill

Die Champignons kurz unter kaltem Wasser abspülen, abtrocknen und in dicke Scheiben schneiden. Mit Zitronensaft beträufeln und 10 Minuten ziehen lassen. Die Zwiebeln schälen und ganz fein hakken. In dem heißen Sonnenblumenöl goldgelb anbraten. Dann die Champignons hinzugeben, mit Salz und Pfeffer würzen und zugedeckt 10 Minuten im eigenen Saft schmoren lassen. Das Tomatenmark unter die Champignons rühren. Das Ragout mit Zucker und eventuell noch etwas Salz und Pfeffer abschmecken. Dill abspülen, trockenschwenken und fein hacken. Das Champignonragout mit Dill bestreuen und warm oder kalt servieren.
Pro Person: 126 Kalorien/527 Joule

Placinte moldovenesti (Gefüllte Blätterteigtaschen)

1 Paket tiefgekühlter Blätterteig (300 g), 50 g Butter, 100 g Zukker, Mark von ½ Vanilleschote, 3 Eidotter, 1 Prise Salz, 250 g Sahnequark, Mehl zum Ausrollen, Puderzucker zum Bestäuben

Den Blätterteig nach Vorschrift auftauen lassen. In der Zwischenzeit für die Füllung die Butter mit dem Zucker schaumig rühren, nach und nach das Vanillemark, 2 Eidotter und das Salz unterrühren, bis eine dicke, cremige Masse entstanden ist. Dann eßlöffelweise den durch ein Sieb gestrichenen Sahnequark unterziehen. Den aufgetauten, aber noch kühlen Teig auf der bemehlten Arbeitsfläche etwa 3 mm dick ausrollen und in 8 Quadrate schneiden. Jeweils in die Mitte der Teigstücke die Füllung geben. Die Teigränder ganz dünn mit verquirltem Eigelb bestreichen, den Teig an den Enden zusammenfassen und wie einen Beutel nach oben ziehen. Den Teig fest zusammendrücken. Die »Teigbeutel« auf ein kalt abgespültes Backblech stellen und in dem auf 220 Grad (Gasherd Stufe 4) vorgeheizten Backofen 10 bis 15 Minuten backen. Abkühlen lassen und mit Puderzucker bestäubt servieren.

Pro Person: 602 Kalorien/2519 Joule

Serviervorschlag: Zu den Blätterteigtaschen frisch gekochtes Kompott servieren oder das Gebäck zum Kaffee reichen.

Schweden

Wenn die Sommertage schon etwas kürzer zu werden beginnen, die Abende aber noch warm und mild sind, fängt in Schweden die Zeit der Krebsessen an. Man sitzt im Freien, in den Bäumen schaukeln Lampions, es wird gegessen, viel getrunken und viel gelacht. Daß man erst so spät im Jahr diese kleinen kulinarischen Feste veranstaltet, liegt einfach daran, daß nach dem schwedischen Fischereigesetz der Krebsfang erst mit dem 7. August freigegeben wird.

Krebsessen

3 l Wasser, 50 g Salz, 3 El Dillsamen, 4 große Bündel Freilanddill, 3 Dilldolden, 40 lebende Flußkrebse

Das Wasser mit dem Salz, den Dillsamen, 2 Bündel abgespültem Dill und den Dilldolden aufkochen und 10 Minuten sprudelnd kochen lassen. Die Krebse unter fließendem Wasser abbürsten und immer 5 bis 6 auf einmal mit dem Kopf zuerst in das Wasser stecken. Das Wasser dann wieder aufkochen lassen und die nächste Portion hineingeben. Wenn alle Krebse in dem Topf sind, werden sie zugedeckt 6 bis 7 Minuten gekocht.

Mit dem dritten Bündel abgespültem und trockengeschwenktem Dill eine große flache Schüssel auslegen und die Krebse darauflegen. Den Krebssud durch ein Sieb über die Krebse gießen. Die Krebse abkühlen lassen, dann mit Folie abdecken und mindestens 12, höchstens 48 Stunden im Kühlschrank durchziehen lassen. Dann werden die Krebse abgegossen und auf einer großen Platte angerichtet. Der restliche Dill wird abgespült, trockengeschwenkt und fein gehackt. Die Krebse mit dem Dill garnieren und kalt servieren.
Pro Person: 146 Kalorien/611 Joule
Serviervorschlag: Zu den Krebsen gibt es frisch geröstetes Toastbrot, Aquavit oder Wodka und Bier. Man löst zuerst die Scheren des Krebses und schneidet die Spitzen und die beweglichen Teile weg. Dann wird die Schere aufgeschnitten und das Fleisch herausgenommen. Der Körper wird von dem Krebsschwanz getrennt und der Saft aus der Schale gelutscht. Zum Schluß wird die Schwanzschale geöffnet und der fadenartige Darm entfernt. Das Fleisch wird auf das heiße, mit Butter bestrichene Toastbrot gelegt und rasch verzehrt. Traditionsgemäß essen die Schweden und auch die Finnen die Krebse sehr kühl. Wer sie lieber warm genießen möchte, erwärmt sie vor dem Servieren noch einmal im Sud und gießt diesen erst dann ab.
Tip: Neben dem Sud als Sauce kann man zu den Krebsen noch eine pikante Buttersauce reichen. Dazu werden 2 Eigelbe mit 1 Tl Zitronensaft verrührt und anschließend im warmen Wasserbad schaumig gerührt. 150 g Krebsbutter schmelzen lassen und teelöffelweise unterschlagen, so daß eine dicke Creme entsteht. Diese Buttersauce beliebig mit gehacktem Knoblauch, Salz und Chilipulver abschmecken. Die Krebse eventuell auf dieser Sauce anrichten und mit Kümmel oder Dillsamen bestreuen (Abb. S. 33).
Für die Krebsbutter werden die Krebsschalen im Mörser zerstampft und mit leicht geschmolzener Butter verrührt. Die erkaltete Butter kann man einige Tage im Kühlschrank aufbewahren und für die Mehlschwitze einer Krebssuppe verwenden.

Schweiz

So ernsthaft und fleißig der Eidgenosse normalerweise sein Leben führt, so ausgelassen feiert er seine Feste. Da wird nach Herzenslust gegessen und getrunken. Wer alle Gerichte, die traditionsgemäß al-

lein zu Schweizer Volksfesten gehören, zu Papier bringen wollte, könnte ein dickes Buch füllen. In allen Teilen der Schweiz wird besonders ausgelassen die Fastnacht gefeiert, und dazu gehören nun einmal Fastnachts-Chüechli und anderes Fastnachtsgebäck.

Basler Faschtewaie mit Zwiebeln

300 g Mehl, 10 g Hefe, 1/2 l lauwarme Milch, 1 Tl Salz, 50 g Butter, 100 g fetter Speck, 500 g Zwiebeln, je 100 g geriebener Emmentaler und geriebener Greyerzer Käse, 3 Eier, 100 g saure Sahne, Salz, geriebene Muskatnuß, Margarine zum Einfetten, frisch gemahlener schwarzer Pfeffer

250 g Mehl in eine Schüssel geben und in die Mitte eine Vertiefung drücken. Die Hefe hineinbröckeln und mit etwas Milch und etwas Mehl zum Vorteig verrühren. Etwa 15 Minuten an einem warmen Ort aufgehen lassen. Dann noch knapp 1/8 l Milch, das Salz und die zerlassene Butter zu dem Vorteig geben. Alles zu einem geschmeidigen Teig kneten. Den Teig so lange schlagen, bis er Blasen wirft. Dann mit einem Küchentuch bedeckt nochmal 20 Minuten gehen lassen. In der Zwischenzeit die Füllung vorbereiten: Den Speck fein würfeln und in einer Pfanne auslassen. Die Speckgrieben herausnehmen und beiseite stellen. In dem heißen Speckfett die geschälten, in Streifen geschnittenen Zwiebeln glasig braten. Anschließend beiseite stellen. Die restliche Milch mit dem übrigen Mehl vermischen. Unter Rühren aufkochen und 5 Minuten sanft kochen lassen. Dann vom Herd nehmen. Beide Käsesorten mit den Eiern und der sauren Sahne verquirlen und in die Mehlsauce rühren. Mit Salz und geriebener Muskatnuß abschmecken. Ein Backblech mit Margarine einfetten. Den Teig auf das Blech streichen, dabei den Teigrand etwa doppelt so hoch lassen wie den übrigen Teig. Den Teig mit einer Gabel mehrmals einstechen. Die Speckgrieben und die Zwiebeln auf den Teig verteilen. Die Käsesauce darübergießen und nach Belieben noch mit etwas Pfeffer würzen. Die Zwiebelwaie in dem auf 200 Grad (Gasherd Stufe 3) vorgeheizten Backofen 30 bis 40 Minuten backen. In den letzten 10 Minuten nur auf Unterhitze schalten oder den Kuchen mit Pergamentpapier abdecken.
Pro Person: 1031 Kalorien/4315 Joule
Serviervorschlag: Die »Zwiebelwaie« in Stücke geschnitten noch warm auftragen. Als Getränk paßt Bier oder Weißwein.

Eieröhrli

4 Eier, 50 g Butter, 1/8 l Sahne, 1 kräftige Prise Salz, 500 g Mehl, Mehl zum Ausrollen, 1000 g Kokosfett oder 1 1/4 l Erdnußöl zum Ausbacken, Puderzucker zum Bestäuben

Die Eier verquirlen, dabei nach und nach die geschmolzene Butter einrühren. Dann eßlöffelweise die Sahne dazugeben. Das Salz und nach und nach das Mehl in die Masse rühren, so daß ein glatter Teig entsteht. Den Teig gut durchkneten und mit einem Küchentuch bedeckt 30 Minuten ruhen lassen. Mit einem Messer eine Schnittprobe machen, wenn der Teig grobporig ist, ist er richtig, sonst muß er noch einmal kräftig durchgeknetet werden und weitere 30 Minuten ruhen. Von dem Teig jeweils etwa walnußgroße Stücke auf der bemehlten Arbeitsfläche hauchdünn ausrollen. Die Teigplatten sollen etwa den gleichen Durchmesser haben wie die Friteuse. Die Teigfladen zwischen Pergamentpapier legen: Das Kokosfett in der Friteuse so stark erhitzen, daß sich an einem hineingehaltenen Holzstab Blasen bilden. Die Teigfladen einzeln in dem heißen Fett goldgelb bakken, dabei die Teigränder mit einem Holzstäbchen immer wieder in die Mitte schieben. Den Fladen einmal wenden. Dann gut abtropfen lassen und auf dicken Lagen Haushaltspapier abfetten lassen. Noch warm mit Puderzucker bestäuben.
Insgesamt: 4784 Kalorien/20025 Joule
Serviervorschlag: Noch warm und frisch schmecken Eieröhrli am besten. Dazu gibt es Kaffee, Tee oder für Kinder, die Eieröhrli ganz besonders schätzen, heiße Schokolade oder Kakao.

Pikante Fastnachts-Chüechli

80 g Butter, 3/8 l lauwarme Milch, 1 kräftige Prise Salz, 450 g Mehl, Mehl zum Ausrollen, 750 g Kokosfett oder 1 l Erdnußöl zum Ausbacken, grobes Salz, Kümmel

Die Butter schmelzen lassen und mit Milch und Salz vermischen. Das Mehl in eine Schüssel geben, die Butter-Milch-Mischung in einem dünnen Strahl langsam einlaufen lassen und unterrühren. Dann alles zu einem glatten Teig kneten und 15 Minuten bei Zimmertemperatur ruhen lassen. Den Teig auf der bemehlten Arbeitsfläche dünn ausrollen und in etwa 6 × 6 cm große Quadrate schneiden. Das Kokosfett in der Friteuse so stark erhitzen, daß sich an einem hineingehaltenen

Holzstab Blasen bilden. Immer 3 Teigstücke auf einmal in dem Fett schwimmend goldbraun ausbacken, dabei einmal wenden. Die Chüechli mit einem Schaumlöffel herausnehmen, abtropfen und auf einer dicken Lage Haushaltspapier abfetten lassen. Das Salz mit dem Kümmel mischen und über die Chüechli streuen.
Insgesamt: 3894 Kalorien/16300 Joule
Serviervorschlag: Diese Chüechli kann man zu Wein und Bier knabbern. Man kann sie aber auch zusammen mit einer großen Schüssel Salat als zünftiges Abendessen reichen.

Fastnachts-Ringli

2 Eier, 100 g Zucker, 1 Päckchen Vanillezucker, 65 g Butter, 1 Prise Salz, abgeriebene Schale von 1 ungespritzten Zitrone, 300 g Mehl, 1 gehäufter Tl Backpulver, Mehl zum Ausrollen, 750 g Kokosfett oder 1 l Erdnußöl zum Ausbacken, groben Zucker

Die Eier mit Zucker und Vanillezucker schaumig rühren, dann flöckchenweise die Butter, das Salz und die Zitronenschale unterrühren. Das Mehl sieben und mit dem Backpulver auf die Eier-Fett-Masse geben, vorsichtig unterziehen und alles zu einem geschmeidigen Teig kneten. Den Teig etwa 20 Minuten ruhen lassen, dann auf der bemehlten Arbeitsfläche 5 mm dick ausrollen. Ringe ausstechen. Teigreste immer wieder verkneten, einige Minuten kühlstellen, dann auch ausrollen und ausstechen. Das Kokosfett oder das Erdnußöl in der Friteuse so stark erhitzen, daß sich an einem hineingehaltenen Holzstab Blasen bilden. Immer 3 Ringli auf einmal in dem heißen Fett schwimmend goldbraun ausbacken, dabei einmal wenden. Die Ringli mit dem Schaumlöffel aus dem Fett heben, abtropfen und auf einer dicken Lage Haushaltspapier abfetten lassen. Dann rasch in dem groben Zucker wälzen und noch warm auftragen.
Insgesamt: 3675 Kalorien/15383 Joule
Serviervorschlag: Die Ringli schmecken zum Frühstück ebenso wie zum Nachmittagskaffee. Man kann sie aber auch mit Kompott als Dessert reichen.

Sowjetunion

Die russische Küche verfügt über ausgezeichnet schmeckende Gerichte, die aus einer langen Tradition erwachsen sind. Viele ihrer Speisen sind weltberühmt geworden – und dies zu Recht, wie auch die Zusammenstellung des nachfolgenden Menüs zeigt. Da die einzelnen Gerichte recht üppig sind, kann man sich zum Abschluß mit einem russischen Tee begnügen. Er wird traditionsgemäß mit kandierten Kirschen gesüßt. Man kann dazu selbstverständlich auch kleine Knabbereien, Teegebäck oder Hefekuchen mit Konfitüre reichen.

Blinis mit Kaviar

(Für 8 Personen)

250 g Mehl, 20 g Hefe, 1 Tl Zucker, 1/4 l lauwarme Milch, 250 g Buchweizenmehl, 2 Eier, 1 Prise Salz, 1/4 l Sahne, 4 Eiweiß, 4 Eidotter, 125 g Butter, 200 g Kaviar (ersatzweise Keta-Kaviar), 1/2 l saure Sahne (wenn möglich mit 20% Fettgehalt oder Crême fraiche)

Das Mehl in eine Schüssel geben und in die Mitte eine Mulde drükken. Die Hefe hineinbröckeln und mit Zucker und etwas Milch zum Vorteig verrühren. Mit etwas Mehl bestäuben. Den Vorteig mit einem Küchentuch bedeckt an einem warmen Ort 10 Minuten gehen lassen. Den Vorteig mit Mehl, Buchweizenmehl, Eiern und Salz verkneten und nochmal 10 Minuten gehen lassen. Dann die restliche Milch hineinrühren. Sahne und Eiweiß getrennt steif schlagen. Die Eidotter verquirlen. Alles unter den Teig ziehen. In einer großen Pfanne etwas Butter zerlassen und jeweils 3 oder 4 etwa untertassengroße Blinis auf einmal darin ausbacken. Die Blinis sollen sehr dünn und auf beiden Seiten leicht gebräunt sein. Die fertigen Blinis warmstellen.

Den Kaviar in eine Glasschale füllen und auf gestoßenem Eis anrichten (kein Eiswasser auf den Kaviar tropfen lassen, er verliert sonst seine Farbe). Die saure Sahne schaumig schlagen und getrennt servieren. Die noch warmen Blinis werden beliebig mit Kaviar und Sahne gefüllt und zusammengerollt gegessen.

Pro Person: 720 Kalorien/3013 Joule

Serviervorschlag: Dazu eisgekühlten Wodka oder gut gekühlten Sekt servieren.

Borschtsch (Rote-Bete-Suppe)
(Für 8 Personen)

2 l Wasser, Salz, 8 Pfefferkörner, 4 Wacholderbeeren, 2 Lorbeerblätter, 1 Zwiebel, 4 Nelken, 750 g Rinderbrust, 250 g Räucherspeck, 500 g Rote Bete, 250 g Weißkohl, 200 g Sellerie, 250 g Mohrrüben, 1 mittelgroße Stange Lauch, 2 Petersilienwurzeln, 40 g Schweineschmalz, 4 El Rotweinessig, 3 El Tomatenmark, 1 Tl Zucker, Pfeffer, 1 Bund Dill, 1/4 l saure Sahne

Das Wasser salzen und mit den Gewürzen und der geschälten, mit Nelken gespickten Zwiebel sprudelnd aufkochen. Die abgespülte, abgetropfte Rinderbrust und den Räucherspeck hineingeben und zugedeckt bei milder Hitze 75 Minuten kochen lassen. Das Fleisch und den Speck aus der Brühe nehmen, abkühlen lassen, dann in etwa 2 cm große Würfel schneiden. Die Brühe durch ein Sieb gießen. Die Rote Bete schälen und etwa 150 g davon auf einer Gemüsereibe grob reiben. 1/8 l durchgesiebte Brühe aufkochen, die geriebenen Rote Bete hineingeben und 10 Minuten sanft köcheln lassen. Beiseite stellen. Das übrige Gemüse putzen oder schälen, gründlich abspülen, abtropfen lassen und alles in ganz feine Streifen schneiden. Die restlichen Rote Bete ebenfalls in Streifen schneiden. Schweineschmalz oder Rindertalg in einem Topf erhitzen und das Gemüse darin ganz kurz anschwitzen. Mit der Brühe auffüllen, Rotweinessig und Tomatenmark hineinrühren und die Suppe zugedeckt etwa 25 Minuten kochen lassen. 10 Minuten vor Ende der Garzeit die Fleisch- und Speckwürfel dazugeben. Die Suppe mit Zucker, Pfeffer und eventuell noch etwas Salz abschmecken, in eine Terrine füllen und mit Dill bestreuen. Die leicht geschlagene saure Sahne wird getrennt serviert.
Pro Person: 558 Kalorien/2335 Joule

Scharenny Porossenok (Spanferkel)
(Für 8 bis 10 Personen)

1 küchenfertiges Spanferkel (8000 g), 4 El grobes Salz, 2 El weißer Pfeffer, 6 El Öl, 3/4 l saure Sahne, 400 g Schweineleber, 50 g Butter, 8 hartgekochte Eier, je 3 El gehackten Dill und Schnittlauchröllchen

Das Spanferkel wenn nötig vom Fleischer in vier Teile teilen lassen. Es kann aber auch im Ganzen gebraten werden. Das Ferkel oder die

Fleischteile unter kaltem Wasser abspülen und mit einem Geschirrtuch trockenreiben. Die Haut rautenförmig einschneiden. Das Ferkel innen und außen mit einer Mischung aus Salz und Pfeffer einreiben und mit dem Öl einpinseln. Eine Kugel aus Alufolie in das Maul stecken. Die Ohren mit Alufolie abdecken, damit sie nicht verbrennen. Das Spanferkel auf den Bratrost legen und über der Fettpfanne in den auf 200 Grad (Gasherd Stufe 3) vorgeheizten Backofen schieben. Etwa 2½ Stunden braten lassen. Dabei hin und wieder mit etwas saurer Sahne begießen. In der Zwischenzeit die Leber kurz abspülen, mit Haushaltspapier trockentupfen und von Haut und Sehnen befreien. Die Butter in einer Pfanne erhitzen und die Leber darin auf beiden Seiten 4 Minuten braten. Abkühlen lassen und fein würfeln. Die geschälten Eier ebenfalls würfeln. Die Leber mit ihrem Bratfett und die Eier in die Buchweizengrütze rühren und diese entweder mit dem Spanferkel zusammen die letzten 30 Minuten garen lassen oder die fertige Grütze nochmals auf dem Herd erhitzen. Die restliche saure Sahne mit Dill und Schnittlauchröllchen mischen und mit Salz und Pfeffer abschmecken (Abb. S. 103 oben).
Pro Person: 1576 Kalorien/6597 Joule
Serviervorschlag: Das Spanferkel wird auf der »Kascha« angerichtet. Die saure Sahne können Sie getrennt reichen. Als Beilagen passen Rot- und Weißkohlsalat oder Sauerkrautrohkost, Rote-Bete-Salat und eingelegte Gurken. Das passende Getränk ist Bier, aber ein einfacher Rotwein schmeckt auch gut dazu.

Kascha (Buchweizengrütze)

1000 g Buchweizengrütze, 100 g Butter, 1 El Salz, Wasser.

Die Buchweizengrütze in ein feines Haarsieb schütten, mehrmals durchschütteln, damit alle Mehlteilchen abfallen. Die Grütze dann in eine große Pfanne geben und unter ständigem Rühren bei milder Hitze hellbraun rösten. Die Butter und das Salz in die Grütze rühren. Die Grütze in eine große feuerfeste Form füllen (die Grütze soll die Form nur etwa zur Hälfte füllen). So viel kochendes Wasser auffüllen, daß die Grütze etwa einen Finger hoch bedeckt ist. Die Form zugedeckt in den auf 200 Grad (Gasherd Stufe 3) vorgeheizten Ofen stellen und die Grütze 3 Stunden garen lassen. Dabei nicht umrühren.
Pro Person: 485 Kalorien/2030 Joule

Spanien

Spaniens Küche ist außerordentlich abwechslungsreich und köstlich. Es gibt, um nur zwei Beispiele zu nennen, allein 50 schriftlich festgehaltene Möglichkeiten der Kartoffelzubereitung und etwa 30 Rezepte der berühmten kalten Sommersuppe »Gazpacho«, von den zahlreichen Familienrezepten einmal ganz zu schweigen. Ein richtiges Festessen muß mit »Entremeses«, also Vorspeisen, eingeleitet werden. Die weltberühmte »Paella« können Sie als Zwischengericht oder als Hauptgericht servieren. Im letzteren Fall entfällt dann das im Ofen gebratene Lamm. Anschließend an das Hauptgericht folgt bei einem festlichen spanischen Menü ein Gang, der aus Früchten der Saison besteht: Orangen, Äpfeln, Weintrauben, Erdbeeren, Pflaumen, Birnen, Pfirsichen, frischen Datteln, Feigen oder Chirimoyas. Den Abschluß der Mahlzeit bilden die von den Spaniern sehr geschätzten Süßigkeiten. »Turrón«, eine Abart des Marzipans, wird vor allem zu Weihnachten und Ostern zubereitet.

Entremeses (Gemischte Vorspeisen)

Auf einer großen Platte werden allerhand Delikatessen dekorativ angeordnet: hauchdünn geschnittener Schinken, dünne Scheiben spanische Hartwurst, Ölsardinen, eingelegte Anchovis, frische Krabben oder Scampi, grüne und schwarze Oliven, Eischeiben, Salatblättchen, Paprikastreifen und Tomatenviertel.
Serviervorschlag: Dazu reichen Sie verschiedene Brotsorten und Mineralwasser oder einen leichten roten Landwein.

Andalusische Gazpacho

2 Knoblauchzehen, Salz, 1 rote Paprikaschote, 1 Chilischote, 500 g Tomaten, 200 g Weißbrot, 1 Salatgurke, 1 l entfettete Hühnerbrühe, 8 El Olivenöl, 4 El Zitronensaft, 1 Bund Schnittlauch, Eiswürfel

Die geschälten Knoblauchzehen mit etwas Salz zerdrücken. Die Paprikaschote putzen, abspülen, abtropfen lassen und grob würfeln. Die Chilischote waschen, aufschneiden und die Kerne herausschaben. Die gewaschenen Tomaten achteln und dabei die Stengelansätze entfernen. Das Weißbrot in kaltem Wasser einweichen. Die Salatgurke

nur schälen, wenn die Schale sehr hart ist. Sonst unter fließendem Wasser abbürsten und einige Scheiben zum Garnieren abschneiden und in Folie gewickelt in den Kühlschrank legen. Die restliche Gurke würfeln. Knoblauch, Paprika und Chilischote im Mixer pürieren, dann nach und nach die Tomatenstücke dazugeben und ebenfalls pürieren. Anschließend das ausgedrückte Weißbrot und etwas Hühnerbrühe in den Mixer geben. Ganz zum Schluß die Gurkenwürfel pürieren. Alles in eine Schüssel geben. Mit der restlichen Hühnerbrühe, dem Öl und dem Zitronensaft gründlich verrühren. Mit Salz abschmecken und mindestens 1 Stunde im Kühlschrank erkalten lassen. Mit Gurkenscheiben und Schnittlauchröllchen garniert servieren, eventuell noch einige Eisstücke in die Suppe geben.
Pro Person: 374 Kalorien/1565 Joule

Valencianische Paella

(Für 6 Personen)

1 kleines Hähnchen (etwa 1200 g), 3 Zwiebeln, 1 Möhre, 1 l Wasser, Salz, 250 g frische Miesmuscheln, 20 g Butter, 1/4 l Weißwein, 200 g frischer Aal, 200 g mageres Schweinefleisch, 100 g roher Schinken ohne Fettrand, 150 g spanische Knoblauchwurst, 200 g grüne Bohnen, 1 rote und 1 grüne Paprikaschote, 6 große Garnelen (Langostinos) mit Schale, 150 g Tomaten, 2 Knoblauchzehen, 10 El Olivenöl, 400 g Reis, schwarzer Pfeffer, Safran, 1 Bund Petersilie, Zitronensaft

Das gewaschene Hähnchen in 6 Portionsstücke teilen, 1 Zwiebel schälen und vierteln, die Möhre schälen und in grobe Stücke schneiden. Das Wasser salzen und sprudelnd aufkochen lassen. Hähnchen, Zwiebel und Möhre hineingeben und das Hähnchen zugedeckt bei milder Hitze in 60 Minuten kochen lassen. Dann herausnehmen, beiseite stellen und die Brühe durch ein Sieb geben. Die Miesmuscheln unter fließendem Wasser abbürsten (offene Muscheln sofort wegwerfen) und die Bärte entfernen. Butter in einem Topf erhitzen, darin eine halbe geschälte und gehackte Zwiebel goldgelb anbraten. Die Muscheln dazugeben und mit dem Wein auffüllen. Im geschlossenen Topf etwa 5 Minuten kochen lassen, dann müssen alle Muscheln offen sein, noch geschlossene müssen entfernt werden. Die Muscheln aus dem Sud nehmen und den Sud durchsieben, dann mit der Hühnerbrühe mischen. Den Aal häuten, von der Mittelgräte lösen und in mundgerechte Stücke schneiden. Das abgespülte, trockengetupfte Schweinefleisch und den Schinken ebenfalls kleinschneiden. Die Knoblauchwurst in dünne Scheiben schneiden. Die Bohnen fädeln, waschen und in wenig Salzwasser 5 Minuten kochen lassen. Die Paprikaschote putzen, waschen, abtropfen lassen und in sehr dünne Streifen schneiden. Die Garnelen unter fließendem Wasser gründlich abbürsten. Die Tomaten mit kochendem Wasser überbrühen, häuten und in Würfel schneiden. Dabei die Stengelansätze entfernen. Die geschälten Knoblauchzehen mit Salz zerdrücken.

In einer großen Pfanne etwa 5 El Olivenöl erhitzen und darin die restlichen geschälten und gehackten Zwiebeln goldgeld anbraten. Dann die Aalstückchen und das Schweinefleisch dazugeben und anbraten. Dann die Tomatenstückchen, die abgetropften Bohnen und den Schinken in die Pfanne geben und alles zugedeckt 5 Minuten dünsten. Die Hähnchenteile und die Knoblauchwurst dazugeben und alles noch weitere 2 Minuten dünsten.

Das restliche Öl in der »paellera«, der flachen Paella-Pfanne, erhitzen. Den gewaschenen und in einem Küchentuch sehr gut getrockneten Reis darin leicht anrösten, ohne ihn zu bräunen, dabei die Pfanne hin und her rütteln. Den Inhalt der anderen Pfanne dazugeben und etwa die Hälfte der Hühnerbrühe und den Muschelsud darübergießen. Mit Salz, Pfeffer und Safran würzen. Die Petersilie abspülen, trockenschwenken und hacken. Zusammen mit etwas Zitronensaft den Knoblauch zu der Paella geben. Die Paella einmal aufkochen und 5 Minuten kochen lassen. Die Paella mit Garnelen, Miesmuscheln und Paprikastreifen garnieren und weitere 15 Minuten bei milder Hitze mehr ziehen als kochen lassen. Dabei grundsätzlich nicht umrühren, sondern nur die Pfanne hin und wieder etwas rütteln. Wenn nötig weitere Hühnerbrühe angießen. Der Reis soll weich, aber nicht klumpend sein. Die Paella vom Herd nehmen, mit einem Tuch bedeckt noch 5 Minuten ruhen lassen (Abb. S. 103 unten).

Pro Person: 1013 Kalorien/4240 Joule

Serviervorschlag: Die Paella mit Zitronenachteln umlegen, damit nach Belieben nachgewürzt werden kann. Ob Sie Rotwein oder Weißwein zur Paella servieren, bleibt Ihrem Geschmack überlassen, nur sollte der Wein nicht lieblich, sondern eher sehr trocken sein.

Variation: Sie müssen für eine Paella nicht unbedingt die oben aufgeführten Zutaten verwenden. Sie können außerdem noch Flußkrebse, Schnecken, Artischocken, Artischockenböden, grüne Pfefferschoten, Erbsen, weiße Bohnen und Kräuter hinzufügen bzw. dafür andere

Zutaten weglassen. Nur auf das Huhn, das Schweinefleisch, die Muscheln und die Garnelen sollten Sie ebensowenig verzichten, wie auf den Safran. Daß Reis und Öl die Hauptbestandteile sind, ist selbstverständlich.

Lamm im Ofen gebraten

(Für 6 Personen)

½ Lamm (etwa 2000 g), 4 Knoblauchzehen, Salz, 1 El Rosmarinpulver, weißer Pfeffer, Saft einer Zitrone, 2 Glas (4 cl) spanischer Cognac, 20 g Schweineschmalz

Das gewaschene und mit Haushaltspapier abgetrocknete Lamm von den Sehnen und der dünnen Haut befreien. Die geschälten Knoblauchzehen mit Salz in einem Mörser zerstampfen, mit Rosmarin und Pfeffer mischen. Das Lamm damit rundherum einreiben. Mit der Innenseite nach unten in einen großen Bräter oder eine Fettpfanne legen und in dem auf 200 Grad (Gasherd Stufe 3) vorgeheizten Backofen 1 Stunde braten, dabei wenn nötig etwas Wasser angießen. Das Lamm dann wenden und die Innenseite mit dem Schweineschmalz bestreichen. Nochmals 45 Minuten braten, dabei hin und wieder mit Bratfond übergießen und wenn nötig noch mehr Wasser angießen. Das Lamm wieder wenden und zuerst mit Zitronensaft und nach weiteren 5 Minuten mit Cognac übergießen. Dadurch bekommt das Fleisch eine besonders knusprige Oberfläche. Das Lamm auf einer vorgewärmten Platte anrichten. Den Bratfond als Sauce getrennt dazu reichen.
Pro Person: 713 Kalorien/2984 Joule
Serviervorschlag: Das Lamm mit Zitronen- oder Limettenschnitzen umlegen. Dazu gibt es frisches Stangenweißbrot und eine große Schüssel mit Salat aus Tomaten, Paprikaschoten, Gemüsezwiebelringen, Kopfsalat, Gurkenscheiben und Oliven. Als Getränk reichen Sie einen leichten spanischen Rotwein.
Nach dem üppigen Hauptgericht wird eine gemischte Käseplatte gereicht, auf der ein milder weißer Schafs- oder Büffelmilchkäse nicht fehlen sollte. Ansonsten bleibt die Zusammenstellung Ihrem persönlichen Geschmack überlassen. Dazu reicht man knuspriges frisches Stangenbrot und einen milden Rotwein. Eine willkommene Erfrischung zwischendurch ist aber auch eine Sangria, die man fast als spanisches Nationalgetränk bezeichnen kann.

Sangria

50 g Zucker, $^1/_{16}$ l Wasser, $^1/_4$ l frisch gepreßter Orangensaft, 2 ungespritzte kleine Orangen, 1 ungespritzte Zitrone, 2 kleine Äpfel, $^1/_8$ l Cointreau oder Apricot-Brandy oder 3 Glas (je 2 cl) Cognac, $1^1/_2$ l gekühlter spanischer Rotwein, nach Belieben noch $^1/_2$ Flasche gut gekühlter Sekt oder die entsprechende Menge Mineralwasser, Eiswürfel

Den Zucker in dem heißen Wasser auflösen, dann abkühlen lassen. Den Orangensaft in ein Sangria-Gefäß oder eine große Glaskaraffe gießen. Die Orangen und die Zitrone unter fließendem Wasser abbürsten und gut abtrocknen. Dann in hauchdünne Scheiben schneiden, dabei alle Kerne entfernen. Die Scheiben halbieren und in das Gefäß geben. Mit der Zuckerlösung übergießen. Zugedeckt 30 Minuten im Kühlschrank erkalten lassen, dann den Likör oder Cognac dazugeben und nochmals 30 Minuten im Kühlschrank durchziehen lassen. Erst unmittelbar vor dem Servieren Rotwein, Sekt oder Mineralwasser darübergießen, einmal umrühren. Eine beliebige Menge Eiswürfel in die Sangria geben. Aber bitte nicht zuviel, damit die Sangria nicht zu »dünn« wird.
Insgesamt: 1899 Kalorien/7949 Joule

Turrón

150 g feiner Zucker, 150 g fester Honig, 300 g gemahlene Mandeln, je 1 Messerspitze gemahlener Koriander und Zimt, 2 Eidotter, 2 Eiweiß

Den Zucker gründlich mit dem Honig verrühren. Dann nach und nach die Mandeln und die Gewürze unterrühren. Dic Eidotter verquirlen und langsam unter die Mandelmasse ziehen. Das Eiweiß zu steifem Schnee schlagen und gründlich mit der Mandelmasse mischen. Ein Backblech mit Alufolie auslegen und ganz dünn mit Öl einstreichen. Die Mandelmasse mit kalt abgespülten Händen etwa $1^1/_2$ cm dick auf die Folie streichen. Mit einem zweiten Stück Alufolie abdecken und ein dickes Holzbrett darauflegen. Das Brett mit Gewichten oder Steinen beschweren. Die Masse bei Zimmertemperatur 3 Tage trocknen lassen. Dann in etwa 2 × 2 cm große Würfel schneiden und vorsichtig von der Alufolie lösen.
Pro Person: 792 Kalorien/3315 Joule

Serviervorschlag: Mit Kleingebäck oder anderem Konfekt zum Kaffee servieren.
Tip: Wenn Sie »Turrón« aufheben wollen, legen Sie die einzelnen Stücke entweder in Konfektmanschetten oder in eine mit Pergamentpapier ausgelegte Schachtel, wobei sich die Stücke nicht berühren sollten. Kühl, aber nicht im Kühlschrank und nicht länger als eine Woche aufbewahren.

Tschechoslowakei

Die böhmische und mährische Küche wird von Feinschmeckern vor allem ihrer Schlichtheit wegen sehr geschätzt. Ihre Gerichte können den bäuerlichen Ursprung nicht verleugnen, und sie sollen es auch gar nicht. Die Kochkunst besteht hier geradezu in der Veredlung des Ursprünglichen. Die Österreicher wußten das Besondere der böhmischen Küche schon immer zu schätzen. Zu Zeiten der k. u. k. Monarchie war die böhmische Köchin in Wiener Bürger- und Adelshäusern eine Selbstverständlichkeit – kein Wunder, daß die österreichische Küche von hierher vielfältige Impulse erhalten hat.
Das nachfolgende Menü enthält eine in aller Welt berühmte Spezialität: den »Böhmischen Knödel«.

Ledvinková polevska (Nierensuppe)

250 g Kalbsnieren, 250 g Zwiebeln, 250 g Kartoffeln, 40 g Schweineschmalz, 20 g Mehl, 3/4 l Kalb- oder Rindfleischbouillon, 1 El Rosenpaprika, 1 Messerspitze Knoblauchpulver, 1 Tl gemahlener Kümmel, Salz, Mehl zum Bestäuben, 40 g Butter, weißer Pfeffer

Die Kalbsnieren längs aufschneiden. Von Haut, Röhren, Fett und Sehnen befreien und 60 Minuten in kaltes Wasser legen. Das Wasser ein- bis zweimal erneuern. In der Zwischenzeit die geschälten Zwiebeln und die geschälten, gewaschenen und abgetrockneten Kartoffeln in Scheiben schneiden. Beides in dem heißen Schweineschmalz unter Rühren 5 Minuten anbraten. Das Mehl darüberstäuben und unterrühren. Alles mit der Bouillon auffüllen. Mit Paprika, Knoblauchpulver, Kümmel und eventuell etwas Salz würzen und im geschlosse-

nen Topf 45 Minuten sanft köcheln lassen. Dann durch ein Sieb streichen und warm halten. Die gut abgetropften und mit Haushaltspapier trockengetupften Nieren in dünne Scheiben schneiden mit etwas Mehl bestäuben und in der heißen Butter 3 Minuten leicht anbraten. Dann im geschlossenen Topf 10 Minuten schmoren lassen. Mit Salz und Pfeffer würzen. Die Suppe in eine Terrine oder in Suppentassen füllen. Mit den Nierenscheiben belegt sofort servieren.
Pro Person: 362 Kalorien/1515 Joule
Serviervorschlag: Um der Suppe etwas Farbe zu geben, kann sie zusätzlich noch mit Schnittlauchröllchen, gehackter Petersilie oder feinen Streifen Gewürzgurke bestreut werden. Dazu kann man kleine warme Kümmel- oder Roggenbrötchen reichen.

Zelny-Gulyas

750 g Rindfleisch aus der Hüfte, 50 g Schweineschmalz, 3 El Paprika edelsüß, 1 Tl gemahlener Kümmel, 3/8 l Weißwein, 3 El Essig, 1 Weißkohl von etwa 600 g, Salz

Das Rindfleisch abspülen und mit Haushaltspapier trockentupfen, dann in etwa 2 cm große Würfel schneiden. Das Fleisch in dem heißen Schweineschmalz rundherum braun anbraten. Mit Paprika bestäuben und nochmals kurz anbraten. Dann den Kümmel dazugeben. Wein und Essig angießen und das Gulyas zugedeckt 90 Minuten schmoren lassen. Den Weißkohl vom Strunk und den harten äußeren Blättern befreien, waschen und abtropfen lassen und fein hobeln. 30 Minuten vor Ende der Garzeit in den Topf geben. Das Gulyas mit Salz abschmecken und in einer vorgewärmten Schüssel servieren.
Pro Person: 620 Kalorien/2595 Joule
Serviervorschlag: Stilecht wird dazu ein »Böhmischer Knödel« serviert. Als Getränk ist ein echtes Pilsener Bier zu empfehlen.

Böhmischer Knödel

275 g Mehl, 1 Ei, 1 Eigelb, 1/8 l lauwarme Milch, 5 g Hefe, 2 Brötchen, 20 g Butter, Salz, 1 El gehackte Petersilie, eventuell 1/16 l Mineralwasser, 3 l Salzwasser

Das Mehl in eine Schüssel sieben und in die Mitte eine Vertiefung drücken. Ei, Eigelb, Milch und Hefe miteinander verquirlen und in

die Vertiefung gießen. Mit etwas Mehl vom Rand bestäuben und an einem warmen Platz mit einem Tuch bedeckt 15 Minuten aufgehen lassen. In der Zwischenzeit die Brötchen in sehr kleine Würfel schneiden und in der heißen Butter hellgelb anrösten. Mit dem Salz und der Petersilie zu dem Knödelteig geben. Alles zu einem geschmeidigen Teig kneten. Sollte der Teig zu fest sein, nach und nach etwas Mineralwasser zugeben. Das Mineralwasser sollte Zimmertemperatur haben. Den Teig zu einer dicken Rolle formen. Auf ein bemehltes Brett legen, mit einem Hauch Mehl bestäuben und nochmal 30 Minuten ruhen lassen. Das Salzwasser in einem großen Topf sprudelnd aufkochen und den Knödel vorsichtig hineingleiten lassen. Den Knödel in 30 Minuten garziehen lassen (nicht kochen), dabei nach 15 Minuten einmal wenden. Den Knödel mit 2 Schaumlöffeln aus dem Wasser heben, gut abtropfen lassen und in 2 cm dicke Scheiben schneiden.
Pro Person: 419 Kalorien/1754 Joule

Apfelstrudel

150 g Mehl, knapp 1/16 l lauwarmes Wasser, 1 Prise Salz, 1 Eigelb, 125 g Butter, 60 g Semmelbrösel, 750 g mürbe Äpfel, 80 g Zucker, 100 g Rosinen, 30 g Mandelstifte, abgeriebene Schale von 1/2 ungespritzten Zitrone, 1 El Rum, Puderzucker

Das Mehl auf ein Backbrett sieben und in die Mitte eine Mulde drükken. In dem lauwarmen Wasser das Salz auflösen. Das Eigelb und 25 g zerlassene Butter dazugeben. Die Mischung langsam in die Mulde gießen, dabei mit einer Gabel von außen immer etwas Mehl hineinrühren. Dann alles zu einem geschmeidigen Teig kneten. Den Teig dabei kräftig schlagen. Den Teig ganz dünn mit etwas Öl bestreichen und mit einem Tuch bedeckt an einer warmen Stelle 20 Minuten ruhen lassen. In der Zwischenzeit die Füllung vorbereiten. 50 g Butter erhitzen und die Semmelbrösel darin goldbraun rösten. Die gewaschenen Äpfel schälen, entkernen, achteln und in hauchdünne Scheiben schneiden. Mit dem Zucker und den gewaschenen, abgetropften, in einem Tuch trockengeriebenen Rosinen, den Mandelstiften und der Zitronenschale mischen. Den Teig auf einem großen Küchentuch so dünn wie möglich ausrollen. Dann über dem Handrükken so dünn ausziehen, daß »man eine Zeitung hindurch lesen« kann. Das Küchentuch in Essigwasser ausdrücken und den Strudelteig vorsichtig darauflegen. Von einer Seite her etwa zu 2/3 mit den

gerösteten Semmelbröseln bestreuen. Dabei an den Seiten etwa 4 cm Rand lassen. Die Apfelmischung auf die Semmelbrösel verteilen und mit dem Rum beträufeln. Den freigebliebenen Teig mit zerlassener Butter bestreichen und die Strudelränder über die Füllung klappen. Den Strudel nun vorsichtig von der belegten Seite her aufrollen, indem man das Tuch anhebt und mit ihm einen sanften Druck auf den Teig ausübt. Die restliche Butter zerlassen und mit einem Teil davon ein Backblech einfetten. Den Strudel mit Hilfe des Tuchs vorsichtig auf das Blech legen. Mit der restlichen zerlassenen Butter bestreichen. Das Blech in den auf 220 Grad (Gasherd Stufe 4) vorgeheizten Backofen schieben und den Strudel 45 Minuten backen. Den Strudel mit Puderzucker bestreut noch warm servieren.
Pro Person: 745 Kalorien/3119 Joule
Serviervorschlag: Zu dem Strudel paßt kalte Vanillesauce oder halbsteif geschlagene Sahne, mit etwas Vanillezucker gesüßt. Wenn Sie den Strudel kalt servieren wollen, wird dazu heiße Vanillesauce oder Schlagsahne gereicht.
Tip: Dem Apfelstrudel können Sie eine andere Note geben, wenn Sie statt der gestiftelten Mandeln grob gehackte Haselnüsse verwenden. Kurz geröstet schmecken die Nüsse besonders kräftig. Als Gewürz paßt Zimt ganz ausgezeichnet dazu.

Tunesien

Sowohl Tunesien als auch Algerien und Marokko erheben den Anspruch, über die klassische Küche Nordafrikas zu verfügen. Sicherlich aber hat ein Gericht in Tunesien seinen Ursprung, das wohl auch in Europa als das bekannteste zu der nordafrikanischen Küche gehört: »Couscous«. Der Name bezeichnet zum einen die Grundmasse – kleine Kügelchen aus Grieß, Gerste oder Hirse – und zum anderen auch das komplette Gericht mit Fleisch und Gemüse. Auch wenn der Couscous noch so üppig ist, bei einem Festmahl sollte man nicht auf eine Vorspeise verzichten. Dem Nichtmohammedaner ist auch ein kleiner Aperitif gestattet: »Boukha« ein ursprünglich nur von den nordafrikanischen Juden gebrauter Feigenschnaps, zu dem man in scharfe Salzlake eingelegte Gemüse (Möhren, Sellerie, Blumenkohlröschen, Zucchini u. a.) ißt, die den Magen aufs angenehmste einstimmen.

Slatit blanquit (Salat auf Schnittchen)
(Für 6 Personen)

12 Scheiben Stangenweißbrot (das Brot soll nicht zu frisch sein), 4 El Olivenöl, 2 El Essig, 1 El Wasser, Salz, gemahlener Kümmel, Cayennepfeffer, 4 hartgekochte Eier, 150 g Schafskäse, 1 Dose Thunfisch (250 g), 12 schwarze Oliven, 2 El Kapern

Die Brotscheiben in eine Marinade aus Olivenöl, Essig, Wasser und den Gewürzen legen und einige Minuten ziehen lassen. Dann jeweils 3 abgetropfte Scheiben auf einen Teller legen. Die Eier schälen und in Scheiben schneiden. Das Brot damit belegen. Den Käse in kleine Würfel schneiden, den Thunfisch abtropfen lassen und mit einer Gabel zerpflücken. Beides auch auf die Brotscheiben verteilen. Die Oliven entkernen und die Brote damit garnieren. Mit Kapern bestreut servieren.
Pro Person: 448 Kalorien/1875 Joule

Couscous
(Für 6 Personen)

750 g Hartweizengrieß (auch unter der Bezeichnung Couscous im Handel), 3 l Wasser, 2 Tl Salz, 9 El Olivenöl, 250 g mageres Hammelfleisch, 250 g Rindfleisch aus der Keule, 4 Zwiebeln, 1/2 l heiße Fleischbrühe, 4 Hähnchenbrustfilets, 250 g am Vorabend eingeweichte Kichererbsen, 200 g grüne Bohnen, 250 g Möhren, 250 g Kohlrabi, 3 grüne Paprikaschoten, 200 g Zucchini, 200 g Lauch, 150 g Butter, 6 Tomaten, 3 Knoblauchzehen, Salz, Kreuzkümmel, Cayennepfeffer, Chilisauce, Zimt

Den Grieß in einem großen, flachen Gefäß ausbreiten, 2 l Wasser mit dem Salz vermischen und 1/2 l davon über den Grieß träufeln. Das übrige Wasser beiseite stellen. 1 El Öl über den Grieß tropfen lassen und den Grieß so lange mit den Händen mischen, bis Wasser und Öl ganz aufgenommen sind. Mit einem Tuch bedeckt 20 Minuten bei Zimmertemperatur quellen lassen. In der Zwischenzeit Hammel- und Rindfleisch abspülen, mit Haushaltspapier trockentupfen und in Würfel schneiden. 6 El Öl in einem Topf erhitzen und das Fleisch darin 10 Minuten rundherum anbraten. Nach 5 Minuten, die geschälten, gehackten Zwiebeln dazugeben. Mit Fleischbrühe begießen und zugedeckt bei milder Hitze 50 Minuten schmoren lassen. Die

Hähnchenbrustfilets häuten und in dem restlichen erhitzten Öl rundherum knusprig braun anbraten, 20 Minuten vor Ende der Garzeit mit dem Öl zu dem Fleisch geben. Den Löchereinsatz eines Dampfdrucktopfs oder eines Kartoffeldämpfers (wenn beides nicht vorhanden ist, einen feuerfesten Durchschlag oder ein Haarsieb verwenden) mit einem Mulltuch auslegen. Den Grieß hineinschütten. Das restliche Salzwasser in dem entsprechenden Topf aufsetzen und zum Kochen bringen. Den Grieß etwa 40 Minuten im offenen Topf dämpfen, dann auf eine Platte schütten und mit den Fingerspitzen zu kleinen Kügelchen drehen. Den Dampfeinsatz wieder in das kochende Wasser setzen (eventuell immer kochendes Wasser nachgießen) und immer eine Handvoll Grieß hineingeben, indem man ihn zwischen den Handflächen reibt. Wenn aller Grieß in dem Einsatz ist, muß er noch 20 Minuten bei nicht zu starker Hitze dämpfen. Während der Couscouszubereitung das Gemüse kochen. Die über Nacht eingeweichten Kichererbsen mit ihrem Einweichwasser etwa 1 Stunde kochen. Die gewaschenen Bohnen fädeln und eventuell brechen, die geschälten Möhren in Scheiben, den geschälten Kohlrabi zuerst in Viertel, dann auch in Scheiben schneiden. Die Paprikaschoten halbieren, putzen, waschen und abtropfen lassen. Die Zucchini unter fließendem Wasser abbürsten und in Scheiben schneiden, dabei den Stengelansatz entfernen. Den geputzten Lauch gründlich waschen, abtropfen lassen und in Ringe schneiden. 75 g Butter in einem Topf erhitzen, das Gemüse darin kurz anschwitzen und mit etwa ¼ l Fleischbrühe begießen. Zugedeckt 20 Minuten dünsten lassen. Die Tomaten mit kochendem Wasser überbrühen, schälen und würfeln, dabei die Stengelansätze entfernen. Die geschälten Knoblauchzehen hacken und mit Salz zerdrücken. Nach 10 Minuten zu dem Gemüse geben. Das Fleisch und das Gemüse sehr scharf mit Salz, gemahlenem Kreuzkümmel, Cayennepfeffer und Chilisauce würzen. Das fertige Gericht in einer großen, nicht zu tiefen Schüssel anrichten, die restliche Butter hineinrühren. Die abgegossenen Kichererbsen ohne ihre Kochflüssigkeit, Fleischstücke und Gemüse dekorativ auf dem Grieß anrichten. Die Kochflüssigkeit von Fleisch und Gemüse mit der restlichen Fleischbrühe vermischen und nochmal scharf abschmecken. Etwas von dieser Sauce über den Couscous gießen, die restliche Sauce getrennt dazu reichen. Den Couscous mit etwas Zimt bestreuen (stilecht werden noch gemahlene Rosenblätter darübergestreut) und servieren.

Pro Person: 1173 Kalorien/4910 Joule

Serviervorschlag: Couscous wird ohne weitere Beilagen mit den Händen gegessen. Wenn die Sauce verbraucht ist, wird wieder neu über den Grieß gegossen. In Tunesien trinkt man dazu Butter- oder Sauermilch.

Tmar mihchi (Dattelkonfekt)

250 g geschälte Mandeln, 500 g Zucker, 2 cl Rosenwasser (in der Apotheke erhältlich), etwas grüner Lebensmittelfarbstoff (aus der Drogerie), 500 g frische Datteln, 1/4 l Wasser, 1 Prise Weinsteinpulver (aus der Apotheke), 150 g grober Zucker

Die Mandeln mit 300 g Zucker und dem Rosenwasser in den Mixer geben und zu einer feinen Paste pürieren. Zum Schluß den Farbstoff unterrühren. Die Datteln an ihrer Nahtstelle aufschneiden und entkernen. Den Kern durch die doppelte Portion Mandelmasse ersetzen. Den restlichen Zucker mit dem Wasser und dem Weinstein zum Kochen bringen und sprudelnd zu einem dicken Sirup einkochen. Etwas abkühlen lassen. Jede Dattel auf ein Spießchen (Zahnstocher) stecken und durch den Sirup ziehen. Dann in dem groben Zucker wenden und zum Trocknen auf ein Stück Alufolie legen, den Spieß herausziehen. Die Datteln mit Pergamentpapier abdecken und bei Zimmertemperatur mindestens 24 Stunden trocknen lassen. Dann sternförmig auf einer Glasplatte anrichten.
Pro Person: 1147 Kalorien/4801 Joule
Serviervorschlag: Da die Datteln sehr süß sind, sollte man dazu ungesüßten schwarzen oder grünen Tee oder Pfefferminztee trinken.
Variation: Statt der Mandeln Pistazienkerne verwenden, dann ist keine künstliche Farbe nötig.

Türkei

Hochzeiten gehören in der Türkei zu den wichtigsten Familienereignissen – und sie werden mit dem entsprechenden Aufwand gefeiert. Nicht selten dauert ein Hochzeitsfest mehrere Tage. Selbst bei nicht so wohlhabenden Familien auf dem Land wird ein üppiges Mahl bereitet, zu dem oft das ganze Dorf eingeladen ist. Es soll schon vorgekommen sein, daß sich eine Familie für ein solches Festessen total verschuldet hat. Ob arm oder reich, immer beginnt das Menü mit einer Hochzeitssuppe. Nach zwei kalten Vorspeisen bildet ein Fleischgericht den nächsten Gang: entweder »Kavurma« oder »Kuzu Firini«. »Kavurma« ist kleingeschnittenes Lamm- oder Hammelfleisch, das mit Salz und Paprika bestreut in seinem eigenen Fett bei milder Hitze scharf geröstet wird. Dazu kann man eine Joghurtsauce mit etwas Dill und Knoblauch gewürzt reichen. »Kuzu Firini« ist eine Hammelkeule, die mit Salz und Pfeffer eingerieben und mit Zitronensaft beträufelt wird. Nachdem sie etwas gezogen hat, wird sie mit 3 El ausgelassenem Hammelfett in einen Bräter gegeben und bei 180 Grad (Gasherd Stufe 2) etwa 3 Stunden im Ofen gebraten, dabei hin und wieder mit Bratfett begossen. Die Keule muß so mürbe sein, daß man das Fleisch fast mit den Händen vom Knochen ziehen kann. Dazu wird Brot und frischer Salat aus Tomaten, Paprikaschoten, Gurken, Zwiebeln und Oliven gereicht. Sie können den Salat noch mit geriebenem weißen Schafskäse bestreuen. Uns ist es im Gegensatz zum strenggläubigen Türken erlaubt, Rotwein zu den Fleischgerichten zu trinken. Anschließend wird ein mit Käse gefülltes Gebäck gereicht, dem ein Reisgericht, Pilav, folgt. Es kann sowohl scharf und pikant als auch süß sein. In unserer Reihenfolge würde es sich um einen mit Safran gewürzten Reispudding mit Rosinen und Mandeln handeln, zu dem ein beliebiges Kompott gereicht wird. Den Abschluß bilden dann Süßspeisen und Gebäck.

Dügün Corbasi (Hochzeitssuppe)
(Für 6 Personen)

600 g fettes Hammelfleisch (ohne Knochen), 3 Zwiebeln, 2 l Fleischbrühe (am besten vom Huhn), 60 g Mehl, 3 Eigelb, Saft von 2 Zitronen, 1 Becher Sahnejoghurt (175 g), Salz, 60 g Butter, etwas Zimt

Das Hammelfleisch abspülen und mit Haushaltspapier gut abtrocknen. Dann das Fett abschneiden, in Würfel schneiden und bei mittlerer Hitze in einem großen Topf auslassen. In der Zwischenzeit das Fleisch würfeln und die geschälten Zwiebeln hacken. Die Fettgrieben aus dem Topf nehmen. Fleisch und Zwiebeln in dem heißen Fett anbraten. Mit der Fleischbrühe auffüllen und 60 Minuten kochen lassen. Das Mehl mit Eigelb, Zitronensaft, Joghurt und etwas Brühe verquirlen und in die Suppe rühren. Bei nicht zu starker Hitze alles

noch 5 Minuten kochen lassen. Die Suppe eventuell mit Salz nachwürzen. Dann flockenweise die Butter unterschlagen. Die Suppe vor dem Servieren mit etwas Zimt bestäuben.
Pro Person: 546 Kalorien/2285 Joule

Etli taze Asma Yapragi dolmasi (Gefüllte Weinblätter)
(Für 6 Personen)

500 g Hackfleisch (Rind oder Hammel), 3 kleine Zwiebeln, 1 Bund Petersilie, 6 frische Minzblätter, frisch gemahlener schwarzer Pfeffer, Salz, 2 El Wasser, 60 g Reis, 250 g eingelegte Weinblätter, 2 El Olivenöl, Saft von 1 Zitrone, 1/4 l Brühe

Das Hackfleisch mit den geschälten, fein gehackten Zwiebeln, der gewaschenen, trockengeschwenkten und gehackten Petersilie und den zerriebenen Minzblättern mischen. Mit Pfeffer und Salz pikant würzen. Zum Schluß das Wasser und den Reis unterkneten. Die Weinblätter abtropfen lassen und auf der Arbeitsfläche ausbreiten. Je nach Größe des einzelnen Blattes 1 bis 2 Tl Füllung in die Mitte geben. Das Blatt zuerst vom Stielende her zur Mitte aufrollen, dann die Seiten darüberklappen und das Blatt ganz aufrollen. Eine feuerfeste Form oder einen ovalen Topf mit etwas Olivenöl einfetten. Die Rollen hineinschichten. Mit dem restlichen Öl, Zitronensaft und Wasser oder Fleischbrühe begießen und zugedeckt bei nicht zu starker Hitze 25 Minuten kochen lassen. Heiß servieren.
Pro Person: 529 Kalorien/2214 Joule
Serviervorschlag: Zitronenschnitze oder eine Sauce aus schaumig geschlagenem Joghurt mit etwas Dill gewürzt dazu reichen.

Ayse Fasulyasi Zeytinyagli (Grüne Bohnen in Olivenöl)
(Für 6 Personen)

1000 g feine grüne Bohnen (Prinzeßbohnen), 2 Zwiebeln, 8 El Olivenöl, 300 g Tomaten, Salz, 1/8 l Wasser, 1 Prise Knoblauchsalz, 1 El gehackte Petersilie

Die Bohnen waschen, abfädeln und abtropfen lassen. Die geschälten Zwiebeln hacken und in dem heißen Olivenöl glasig braten. Die Tomaten mit kochendem Wasser überbrühen, häuten und würfeln, dabei die Stengelansätze entfernen. Die Tomaten zu den Zwiebeln ge-

ben und etwa 5 Minuten unter Rühren andünsten. Dann die Bohnen dazugeben, mit dem heißen Wasser auffüllen und mit Salz abschmekken. Die Bohnen im geschlossenen Topf in 20 Minuten garen, abkühlen lassen und mit ihrem Sud auf einer Platte anrichten. Mit etwas Knoblauchsalz und gehackter Petersilie servieren.
Pro Person: 195 Kalorien/816 Joule
Serviervorschlag: Dazu Weißbrot oder Landbrotwürfel reichen.

Börek (Gefüllter Teig)
(Für 6 Personen)

250 g Mehl, 125 g Butter, 1 Ei, 4 El Wasser, 1 Prise Salz, Mehl zum Ausrollen, 125 g weißer Schafskäse, 100 g geriebener gelber Schafskäse (ersatzweise Greyerzer oder Parmesankäse), 1 Eigelb

Das Mehl auf ein Backbrett geben und in die Mitte eine Mulde drükken. 65 g Butter, das Ei, Wasser und Salz hineingeben. Alles zu einem geschmeidigen Teig kneten. Den Teig mit einem feuchten Tuch bedeckt 15 Minuten ruhen lassen, dann etwa fingerdick ausrollen und mit der restlichen Butter bestreichen. Die eine Teighälfte mit der bestrichenen Seite nach oben in eine Kasten- oder Pastetenform legen. Den weißen Schafskäse mit einer Gabel zerdrücken und mit dem geriebenen Käse vermischen. Die Käsefüllung auf den Teig streichen. Die zweite Teigplatte mit der bestrichenen Seite nach unten auf die Füllung legen. Die Ränder fest zusammendrücken. Den Teig mit dem verquirlten Eigelb bestreichen. Die Pastete bei 200 Grad (Gasherd Stufe 3) im Ofen 20 Minuten backen. Warm servieren.
Pro Person: 490 Kalorien/2051 Joule

Baklava (Blätterteigpastete)
(Für 6 Personen)

250 g Mehl, 1 Prise Salz, 190 g Butter oder Butterschmalz, 2 Eier, 2 El Wasser, 250 g gehackte Walnüsse, 100 g Farinzucker (Rohzucker), 100 g Zucker, 125 g heller flüssiger Honig, 4 El Wasser, 1 El Zitronensaft, Mehl zum Ausrollen

Das Mehl mit dem Salz in eine Schüssel geben und 65 g Butter oder Butterschmalz in Flocken drüber verteilen. Mit kühlen Händen zu einem krümeligen Teig mischen. Dann nacheinander die Eier und

tropfenweise das Wasser unterkneten. Den Teig zu einer Kugel formen und mit Pergamentpapier bedeckt 30 Minuten im Kühlschrank ruhen lassen. In der Zwischenzeit für die Füllung die restliche Butter oder das Butterschmalz in einem Topf erwärmen und mit den gehackten Walnüssen und dem Farinzucker verrühren, bis sich der Zucker aufgelöst hat. Den Zucker mit Honig und Wasser in einem Topf unter Rühren bei nicht zu starker Hitze so lange erwärmen, bis sich der Zucker gelöst hat. Dann den Zitronensaft einrühren. Den Teig auf der bemehlten Arbeitsfläche so dünn wie möglich ausrollen und runde Platten von 20 cm Durchmesser ausschneiden. Die erste Platte in eine entsprechend große Springform legen und mit etwas Füllung bestreichen. Darauf wieder eine Teigplatte und so weiter, bis die Füllung und alle Platten verbraucht sind. Den Abschluß bildet eine Teigplatte. Die Hälfte der Zucker-Honig-Mischung über die Baklave gießen und diese in dem auf 180 Grad (Gasherd Stufe 2) vorgeheizten Ofen 35 Minuten backen. Die Pastete aus der Springform lösen und auf eine Platte setzen. Mit dem restlichen Guß übergießen. Die Pastete mindestens 6 Stunden durchziehen lassen, dabei immer wieder mit heruntergelaufenem Guß begießen (Abb. S. 104 oben).
Pro Person: 908 Kalorien/3800 Joule
Serviervorschlag: Dazu trinkt man ungesüßten schwarzen oder grünen Tee oder Türkischen Kaffee (Rezept s. S. 71) und klares, eisgekühltes Wasser.

Ungarn

Türkenherrschaft und Kontakte zu den Nachbarländern haben die ungarische Küche nicht unwesentlich geprägt. Im 17. und 18. Jahrhundert machte sich ein starker Einfluß aus Wien bemerkbar. Über den Umweg über die österreichische Hauptstadt fanden auch italienische und französische Elemente Eingang in die Kochkunst der Ungarn. Doch alle diese Fremdeinflüsse sind sozusagen nur schmückendes Beiwerk einer so charakteristischen wie eigenständigen Küche. Typisch ist die Verwendung von Schweinefett, das oft an die Stelle von Butter oder Öl tritt. Der Grund hierfür ist Paprika, das Lieblingsgewürz der Ungarn, das erst im Schweineschmalz sein richtiges Aroma entfaltet. Als Auftakt zu einem festlichen ungarischen Menü wird ein gut gekühlter Barack Palinka gereicht.

Velös leves (Hirnsuppe)

1 Kalbshirn (300 g), 300 g frische Champignons, 1 Schalotte, 1 Bund Petersilie, 60 g Butter, 1 El Mehl, 1¼ l Rinderbouillon, Salz, Pfeffer, geriebene Muskatnuß, 2 Scheiben Toastbrot, Rosenpaprika

Das Kalbshirn 15 Minuten in kaltes Wasser legen, bis das Blut ganz ausgetreten ist. Etwa 1 l Wasser sprudelnd aufkochen und das Hirn darin 10 Minuten bei milder Hitze ziehen lassen, abgießen, abtropfen lassen und die Häute und Adern entfernen. Das Hirn dann nicht zu fein hacken. Die Champignons kurz in kaltem Wasser waschen, abtropfen lassen und grob hacken. Hirn und Champignons zusammen mit der geschälten, gehackten Schalotte und der abgespülten, trokkengeschwenkten Petersilie in 40 g heißer Butter hellbraun anbraten. Das Mehl darüberstäuben, unterrühren und etwa 1 Minute anschwitzen. Die heiße Rinderbouillon dazugießen und alles im geschlossenen Topf 30 Minuten sanft köcheln lassen. Die Suppe abkühlen lassen und durch ein Sieb streichen oder im Mixer pürieren. Mit Salz, Pfeffer und geriebener Muskatnuß pikant abschmecken. Die Suppe warmhalten, aber nicht mehr kochen lassen. Die Toastbrotscheiben entrinden und in kleine Würfel schneiden. In der restlichen Butter goldgelb braten, mit Paprika bestäuben und noch 1 Minute braten. Die Suppe in vorgewärmte Suppentassen füllen, mit den Weißbrotwürfeln bestreut servieren.
Pro Person: 287 Kalorien/1201 Joule

Spárga tejszinnel és tojással sütve (Mit Sahne und Ei überbackener Spargel)

1000 g frischer Stangenspargel, 60 g Butter, Salz, weißer Pfeffer, 1 Prise Zucker, ¼ l Wasser, 3 El Semmelbrösel, 2 Eier, ⅛ l Sahne, geriebene Muskatnuß

Den gewaschenen Spargel von Kopf zum Stiel hin dünn schälen, 20 g Butter in einer länglichen Form erhitzen, den Spargel hineinlegen, mit Salz, Pfeffer und Zucker würzen, mit Wasser begießen. Zugedeckt in 25 Minuten weichkochen. Die gut abgetropften Spargelstangen in eine feuerfeste Form legen. Die Semmelbrösel in der restlichen Butter goldbraun rösten und über den Spargel verteilen. Die Eier mit der Sahne schaumig schlagen und mit etwas Salz und geriebener Muskat-

nuß abschmecken. Über den Spargel gießen. Den Spargel in dem auf 250 Grad (Gasherd Stufe 5) vorgeheizten Backofen 8 bis 10 Minuten überkrusten, dann sofort in der Form servieren.
Pro Person: 315 Kalorien/1318 Joule

Paprikás csirke (Paprikahuhn)

2 Zwiebeln, 2 Knoblauchzehen, 20 g Schweineschmalz, 1 El Mehl, 2 El Paprika edelsüß, 1 Poularde von etwa 1200 g, 2 grüne Paprikaschoten, 250 g reife Tomaten, 1/2 l Hühnerbouillon aus Extrakt, 1 Hühnerleber, 1/8 l dicke saure Sahne (20% Fettgehalt), Salz

Die geschälten, gehackten Zwiebeln und die geschälten, in der Knoblauchpresse zerdrückten Knoblauchzehen in dem heißen Schweineschmalz goldgelb anbraten. Mehl und Paprika darüberstäuben und 1 Minute anschwitzen lassen. Die innen und außen abgespülte und getrocknete Poularde vierteln und auf die Zwiebeln legen. Die geputzten, gewaschenen Paprikaschoten würfeln, die abgezogenen Tomaten achteln, dabei die Stengelansätze herausschneiden. Paprika und Tomaten über die Poulardenteile geben. Alles etwa 3 Minuten andünsten lassen. Dann mit der Hühnerbouillon auffüllen und im geschlossenen Topf 45 Minuten bei nicht zu starker Hitze schmoren lassen. 5 Minuten vor Ende der Garzeit die abgespülte, trockengetupfte und grob gehackte Hühnerleber zu dem Gericht geben. Zum Schluß die saure Sahne unterrühren. Das Gericht erhitzen, aber nicht mehr kochen lassen und abschmecken.
Pro Person: 499 Kalorien/2088 Joule
Serviervorschlag: Zu dem Paprikahuhn selbstgemachte Eiergraupen und einen sommerlichen Salat servieren. Als Getränk kann der gleiche Wein gereicht werden wie zu dem Vorgericht.

Tarhonya (Ungarische Eiergraupen)

200 g Mehl, 2 Eier, 1 Prise Salz, Mehl zum Bestäuben, 10 g Schweineschmalz, 1 kleine Zwiebel, 1/2 l Fleischbrühe, Paprika edelsüß

Das Mehl in eine Schüssel füllen und in die Mitte eine Mulde drükken. Die Eier und das Salz dazugeben. Von außen nach innen zu

einem festen Teig kneten. Den Teig bei Zimmertemperatur 30 Minuten ruhen lassen. Dann auf einer groben Raffel abreiben. Die so entstandenen Graupen auf einem Küchentuch ausbreiten, mit etwas Mehl bestäuben und über Nacht trocknen lassen. Das Schweineschmalz in einer großen Pfanne erhitzen und die geschälte, fein gehackte Zwiebel darin goldgelb braten. Dann die getrockneten Tarhonyas dazugeben und unter Rühren kurz anrösten. Nach und nach die Fleischbrühe dazugießen und die Graupen bei milder Hitze ausquellen lassen. In einer vorgewärmten Schüssel anrichten und mit etwas Paprika edelsüß bestäuben.
Pro Person: 260 Kalorien/1088 Joule

Nyári saláta (Sommersalat)

Je 150 g gekochten Blumenkohl, gekochte grüne Bohnen und gekochte junge Erbsen, 200 g feste, kleine Tomaten, 2 hartgekochte Eier, je 1 Bund Schnittlauch und Petersilie, 3 El Zitronensaft, 1 Tl Senf, 4 El Sonnenblumenöl, Salz, Rosenpaprika, 1 kleine Zwiebel, 1 kleiner Kopfsalat

Den gekochten Blumenkohl in Röschen teilen, die Bohnen eventuell halbieren. Beides mit den Erbsen in eine große Salatschüssel geben. Die Tomaten waschen, abtrocknen und achteln, dabei die Stengelansätze herausschneiden und mit den Eischeiben in die Schüssel geben. Schnittlauchröllchen und gehackte Petersilie über den Salat streuen. Den Zitronensaft mit dem Senf verrühren. Dann tropfenweise das Öl unterrühren, damit die Salatsauce etwas sämig wird. Mit Salz und Rosenpaprika abschmecken. Die Sauce über den Salat gießen und diesen zugedeckt im Kühlschrank 30 Minuten durchziehen lassen. Dann erst vorsichtig mischen und eventuell mit Salz und Paprika nachwürzen. Die Zwiebel schälen und fein hacken. Den Kopfsalat waschen, gründlich abtropfen lassen und nudelig schneiden. Den Salat bergartig auf einer Platte anrichten, mit Zwiebeln und etwas Rosenpaprika bestreuen und mit dem Kopfsalat umlegen.
Pro Person: 219 Kalorien/916 Joule
Serviervorschlag: Diesen sommerlichen Salat zusammen mit den selbstgemachten Eiergraupen zum Paprikahuhn reichen. Als Getränk paßt ganz wie bei dem Spargelgericht ein leichter ungarischer Weißwein. Zu beiden Gerichten mundet auch ein milder Rheinwein, etwa Rheinhessen.

Dobostorta (Doboschtorte)

8 Eidotter, 600 g Zucker, das ausgeschabte Mark einer Vanilleschote, 1 Prise Salz, 4 El Zitronensaft, 1/8 l lauwarmes Wasser, 8 Eiweiß, 50 g Puderzucker, abgeriebene Schale von 1/2 ungespritzten Zitrone, 200 g Mehl, Margarine zum Einfetten, Mehl zum Ausstreuen, 1/16 l Wasser, 250 g Butter, 80 g Kakaopulver, 1 Glas (2 cl) Kirschwasser

Die Eidotter mit 200 g Zucker schaumig rühren. Nach und nach das ausgeschabte Mark einer halben Vanilleschote, Salz, 1 El Zitronensaft und das Wasser hineinrühren. So lange weiterrühren, bis die Masse dick und cremig ist. Das Eiweiß zu steifem Schnee schlagen, dabei den durchgesiebten Puderzucker und die Zitronenschale unterziehen. Den Eischnee auf die Eigelbcreme geben und das Mehl darübersieben. Alles locker aber gründlich mischen. Aus diesem Teig 9 bis 10 dünne Böden backen. Dazu eine Springform von 26 cm Durchmesser mit Margarine einfetten und dünn mit Mehl ausstreuen. Jeweils etwa 1 cm hoch Teig hineinfüllen und 10 Minuten in dem auf 200 Grad (Gasherd Stufe 3) vorgeheizten Backofen backen. Jeden Boden vorsichtig aus der Form lösen und alle abkühlen lassen. In der Zwischenzeit die Füllung zubereiten: 200 g Zucker mit Wasser mischen und unter ständigem Rühren erwärmen, bis sich der Zucker aufgelöst hat. Den so entstandenen Zuckersirup abkühlen lassen. Die Butter cremig rühren, dabei nach und nach 50 g Kakao, das restliche Vanillemark, den Zuckersirup und zum Schluß das Kirschwasser unterrühren. Bis auf einen alle Böden mit der Schokoladencreme bestreichen und zusammensetzen. Den unbestrichenen Boden beiseite legen. Die Torte leicht schräg halten und den Rand mit dem restlichen Kakao bestäuben. Die Torte 30 Minuten in den Kühlschrank stellen. Die restlichen 200 g Zucker in einer Pfanne bei ganz schwacher Hitze schmelzen und leicht bräunen lassen. Die Pfanne vom Herd nehmen und den restlichen Zitronensaft in den Karamel rühren. Den letzten Tortenboden mit der Karamelmasse überziehen, mit einem gebutterten Messer glattstreichen und auf der Torte 12 Stücke markieren. Den Boden auf die Torte legen. Die Torte erst bei Tisch mit einem in heißes Wasser getauchten Messer zerteilen.
12 Stück je: 530 Kalorien/2218 Joule
Serviervorschlag: Zu der Torte Kaffee oder Tee oder auch ein Glas gut gekühlten Sekt servieren.
Variation: Statt der oben beschriebenen Füllung kann man auch

100 g Zartbitter- und 100 g Vollmilchschokolade verwenden. Die Schokolade im Wasserbad schmelzen lassen. 150 g Butter mit 75 g Puderzucker und 1 Eidotter schaumig rühren und mit der Schokolade mischen. Dann auf die Böden streichen.

Vereinigte Staaten

In den Vereinigten Staaten geben sich die Küchen der Welt ein Stelldichein. Und so gibt es auch bei jeder Volksgruppe zu ihren bestimmten Festen die traditionellen Gerichte aus der Heimat. Nur in einem scheinen sich alle Amerikaner einig zu sein: Zum Erntedankfest gehört ein Truthahn auf den Tisch. Auf dem Land ist der »Thanksgiving Turkey« meist ein Wildputer, der kleiner und saftiger ist als ein Zuchtvogel.

Thanksgiving Turkey with Stuffing (Gefüllter Erntedank-Puter)
(Für 8 Personen)

Hals, Magen und Herz des Puters, 4 Zwiebeln, 1 Lorbeerblatt, 4 Pfefferkörner, 1/2 l Wasser, Salz, 60 g Butter, Puterleber, 5 Scheiben altbackenes Toastbrot, 2 Bund glatte Petersilie, 250 g Bratwurstbrät, 1 Tl zerriebener getrockneter Salbei, geriebene Muskatnuß, frisch gemahlener schwarzer Pfeffer, 4 El Sherry, 4 El Sahne, 1 Puter (von etwa 5000 g), 150 g Butter, 1 El Speisestärke, 1/8 l Sahne, 1 Tl Zitronensaft

Hals, Magen und Herz des Puters gründlich abspülen. Zusammen mit einer geschälten und geviertelten Zwiebel, den Gewürzen, Wasser und Salz zum Kochen bringen und zugedeckt 45 Minuten köcheln lassen. Die Innereien aus der Brühe nehmen und abkühlen lassen. Die Brühe durch ein Sieb gießen und beiseite stellen. 30 g Butter in einer Pfanne erhitzen und die mit Haushaltspapier abgetupfte Puterleber darin auf jeder Seite 2 Minuten anbraten, herausnehmen und fein hacken. In dem Bratfett die restlichen, geschälten und gewürfelten Zwiebeln goldgelb braten. In der restlichen Butter das in ganz feine Würfel geschnittene Toastbrot goldbraun rösten. Die abgekühlten Innereien und die abgespülte, trockengeschwenkte Petersilie auch hakken. Alles mit dem Bratwurstbrät zu einem Teig mischen. Mit Salbei,

Muskatnuß, Pfeffer und Salz pikant würzen. Mit Sherry und Sahne zu einer geschmeidigen Masse verkneten. Eventuell noch einige Eßlöffel Brühe hinzugeben.
Den Puter innen und außen gründlich abspülen und mit Haushaltspapier trocknen. Die Füllung hineingeben und die Öffnungen des Puters zunähen oder mit Holzstäbchen zustecken. Die Holzstäbchen dann über Kreuz mit Garn umwickeln. Den Puter kräftig mit Salz und Pfeffer einreiben und mit der Brustseite nach oben in die Fettpfanne legen. Mit der heißen Butter übergießen und locker mit Alufolie abdecken. Die Fettpfanne in den auf 180 Grad (Gasherd Stufe 2) vorgeheizten Backofen schieben und den Puter 3 Stunden schmoren lassen. Nach 2 Stunden die Alufolie entfernen. Den Puter häufig mit Bratfond begießen. In den letzten 10 Minuten nicht mehr begießen, damit die Haut schön knusprig wird. Den Puter aus der Fettpfanne nehmen, auf einer vorgewärmten Platte warm halten. Den Bratfond mit der restlichen Brühe loskochen. Die Speisestärke mit etwas Wasser glattrühren und den Fond damit binden. Die Sauce mit der Sahne verrühren, einmal aufkochen lassen. Dann mit Zitronensaft, Salz und Pfeffer abschmecken. Sauce getrennt zum Puter reichen.
Pro Person: 1380 Kalorien/5777 Joule
Serviervorschlag: Zwei traditionelle Beilagen zu Puter sind eingelegter Kürbis und Preiselbeersauce. Außerdem reicht man zu dem Puter selbstgemachtes Kartoffelpüree aus besonders mehligen Kartoffeln, das mit viel Sahne und Butter verfeinert und mit gehackter Petersilie und Schnittlauchröllchen bestreut wird. Eine weitere typische Beilage ist Zwiebelpüree mit Erbsen. Als Getränk ist zu dem Puter ein kräftiger Rotwein zu empfehlen.

Creamed Onions and Peas (Zwiebelpüree mit Erbsen)
(Für 8 Personen)

1000 g tiefgekühlte Erbsen, 1000 g Zwiebeln, 1/2 l Wasser, 1/4 l herber Weißwein, 100 g Butter, Salz, weißer Pfeffer, 1 Tl Zucker, 40 g Mehl, 1/4 l Milch, 1/8 l Sahne, geriebene Muskatnuß

Die tiefgekühlten Erbsen in eine Schüssel geben und bei Zimmertemperatur in 1 Stunde auftauen lassen. Die Zwiebeln schälen und grob hacken. Wasser und Weißwein mit 30 g Butter aufkochen, die Zwiebeln hineingeben, mit Salz, Pfeffer und Zucker würzen und zugedeckt bei nicht zu starker Hitze 25 Minuten kochen lassen. Die Kochflüs-

sigkeit abgießen, aber aufbewahren. Die Zwiebeln etwas abkühlen lassen und im Mixer pürieren oder durch ein Sieb streichen. 40 g Butter in einem großen Topf erhitzen, das Mehl hineinschütten und 3 Minuten durchschwitzen lassen. Nach und nach Milch und Sahne unter Rühren hineingießen, alles einmal aufkochen lassen. Wenn die Sauce zu fest ist, noch etwas Kochbrühe dazugeben. Die Sauce unter Rühren 6 Minuten sanft köcheln lassen. Dann das Zwiebelpüree unterrühren und alles mit Salz, Pfeffer und geriebener Muskatnuß abschmecken. Zum Schluß die aufgetauten Erbsen mit dem Püree mischen und alles noch einmal bis kurz vorm Kochen erhitzen.
Pro Person: 375 Kalorien/1570 Joule

Apple Pie (Apfeltorte)

250 g Mehl, 125 g Schweineschmalz, 75 g Butter, 1 Prise Salz, 6 El Eiswasser, 1000 g säuerliche Äpfel, 1 El Zitronensaft, 125 g Zucker, 1 Päckchen Vanillezucker, 1 Tl Zimt, 1 kräftige Prise gemahlene Nelken, Mehl zum Ausrollen, 50 g Butter zum Einfetten und für Butterflöckchen

Das Mehl in eine Schüssel geben. Das kühle Schmalz und die kühle Butter in Flocken darauf verteilen und das Salz dazugeben. Mehl und Fett mit den Fingerspitzen rasch zerkrümeln, dann nach und nach das Eiswasser dazugießen und alles zu einem geschmeidigen Teig kneten. Den Teig zu einer Kugel formen und mit Pergamentpapier bedeckt 30 Minuten im Kühlschrank ruhen lassen. In der Zwischenzeit die gewaschenen Äpfel schälen, entkernen, achteln und in ganz dünne Scheiben schneiden. Mit Zitronensaft beträufeln und mit Zukker, Vanillezucker, Zimt und Nelken vermischen. Den Teig halbieren und die eine Hälfte in der Größe einer Springform von 23 cm Durchmesser ausrollen. Die Springform einfetten und den Teigboden hineinlegen. Die Füllung darüber verteilen und mit der restlichen Butter in Flöckchen belegen. Die zweite Teighälfte ebenso ausrollen und die Füllung damit bedecken. In die Mitte ein kleines Kreuz in den Teig schneiden, damit der Dampf entweichen kann. Die Torte in dem auf 200 Grad (Gasherd Stufe 3) vorgeheizten Backofen 45 Minuten bakken. Etwas abkühlen lassen, dann aus der Form lösen. Noch warm servieren.
Pro Person: 510 Kalorien/2135 Joule
Serviervorschlag: Die warme Torte mit dem Vanilleeis reichen.

Register

Bildnachweis

Hartz – Orbis, Hamburg: 34 unten, 86 unten, 103 oben
Jahreszeiten-Verlag, Hamburg: 51 oben
laenderpress, Düsseldorf: 33 beide
Nüttgens – Orbis, Hamburg: 34 oben
Orbis Verlag, Hamburg: 51 unten, 52
Schumacher – Gruner & Jahr, Hamburg: 103 unten
Teubner, Füssen: 85 oben, 86 oben, 104 beide, Umschlag
Teubner – Orbis, Hamburg: 85 unten